AF525026

O.W. BARTH

Thich Nhat Hanh

NIRVANA

Die Lehre von der großen Freiheit im Hier und Jetzt

Aus dem Englischen
von Ursula Richard

Die amerikanische Originalausgabe
»Enjoying The Ultimate« erschien 2021 bei
Palm Leaves Press, an imprint of Parallax Press, California.

Besuchen Sie uns im Internet:
www.ow-barth.de

Aus Verantwortung für die Umwelt hat sich die Verlagsgruppe
Droemer Knaur zu einer nachhaltigen Buchproduktion verpflichtet.
Der bewusste Umgang mit unseren Ressourcen,
der Schutz unseres Klimas und der Natur
gehören zu unseren obersten Unternehmenszielen.
Gemeinsam mit unseren Partnern und Lieferanten setzen wir
uns für eine klimaneutrale Buchproduktion ein, die den Erwerb von
Klimazertifikaten zur Kompensation des CO_2-Ausstoßes einschließt.
Weitere Informationen finden Sie unter:
www.klimaneutralerverlag.de

FSC
www.fsc.org
MIX
Papier aus verantwortungsvollen Quellen
FSC® C014496

Deutsche Erstausgabe September 2022
O. W. Barth

Redaktion: Martina Darga
Fachliche Beratung: Dr. M. Bernhard Schiekel
Covergestaltung: atelier-sanna.com, München
Coverabbildung: xjrshimada/Shutterstock.com
Satz: Adobe InDesign im Verlag
Druck und Bindung: GGP Media GmbH, Pößneck
ISBN 978-3-426-29333-1

2 4 5 3 1

INHALT

Genau hier und genau jetzt
kann Nirvāṇa verwirklicht werden –
in diesem Leben.

VORWORT DER ENGLISCHEN ÜBERSETZERIN

Dieses Buch enthält die erste englische [hier deutsche] Übersetzung des sechsunddreißigsten Kapitels des chinesischen *Dharmapada*. Dieses Kapitel wird »Das Kapitel über Nirvāṇa« oder »Nirvāṇa-Kapitel« genannt. Im Pali-*Dhammapada*, das viel bekannter ist als die chinesische Fassung, findet sich dieses Kapitel nicht. Allerdings sind einige der Verse in der Sanskrit-Version des *Udānavarga* enthalten. Zen-Meister Thich Nhat Hanh hat ein sehr komplexes, prägnantes Chinesisch in ein leicht verständliches Vietnamesisch übersetzt. Ich habe mein Bestes getan, um das Vietnamesische ins Englische zu übertragen. Thich Nhat Hanhs Übersetzung aus dem Chinesischen ist keine wortwörtliche Übertragung, sondern erweitert das sehr verdichtete Chinesisch so, dass es für heutige Leserinnen und Leser verständlich und zugänglich wird. Dies ist auch der Zweck der Kommentare, die in Vorträgen einer Zuhörerschaft aus Laien, Mönchen und Nonnen, einschließlich Dharma-Lehrenden, aber auch Menschen, die mit der Praxis erst begannen, vermittelt wurden.

Den englischen Titel *Enjoying the Ultimate* (»Das Letztendliche genießen«) hat Thich Nhat Hanh selbst vorgeschlagen. Inspiriert wurde er dabei von einem vietnamesischen Laien-Zen-Meister aus dem dreizehnten Jahrhundert, Tue Trung Thuong, der nach seiner Verwirklichung von Nirvāṇa ein Gedicht über die Freude am freien Umherschweifen in der letztendlichen Dimension verfasst hatte. Er hatte folglich in diesem Leben die Befreiung erfahren, die mit Nirvāṇa verbunden ist.

Thich Nhat Hanh erinnert uns immer wieder an unsere Fähigkeit, Nirvāṇa selbst zu erfahren. Er zeigt uns, dass auch der Buddha dies gelehrt hat und Beweise dafür in den frühen Sūtras zu finden sind: besonders im *Udāna*, *Itivutthaka* und *Sutta Nipāta*. Der Wert dieser Lehren liegt darin, dass sie uns unterstützen, den buddhistischen Weg des Verstehens und der Liebe in unserem täglichen Leben zu gehen. Thich Nhat Hanh hilft uns zu erkennen, dass auch Praktizierende der theistischen Religionen die Lehren über Nirvāṇa bereits anwenden oder dies tun könnten.

EINLEITUNG: DAS ABKÜHLEN DER FLAMMEN

Viele Menschen glauben, dass Nirvāṇa ein Ort des Glücks für erleuchtete Menschen nach ihrem Tod sei. Keine Vorstellung könnte irreführender sein. Der Buddha lehrte viele Male über das Nirvāṇa, das hier und jetzt, in *diesem* Leben *(dṛṣṭadharma-nirvāṇa)*, verwirklicht werden kann. Nirvāṇa bedeutet Befreiung und Freiheit. Wenn wir in der Lage sind, uns von unseren Geistesplagen[1] wie Anhaftung, Hass und Eifersucht zu befreien, und wir uns ebenso von falschen Ansichten wie unseren Vorstellungen von Geburt und Tod, Sein und Nichtsein, Kommen und Gehen und so weiter befreien, können wir

1 »Geistesplagen« ist eine Übersetzung des Sanskrit-Begriffs *kleśa*, der sich auf Leid verursachende Handlungen von Körper, Rede und Geist bezieht.

im gegenwärtigen Moment mit Nirvāṇa in Berührung kommen.

Haben wir uns einen Dorn eingetreten, werden wir, solange er noch in unserem Fuß steckt, Schmerz empfinden. Ist der Dorn entfernt, fühlen wir uns erleichtert und entspannt. Dieses Wohlgefühl ist eine Art Befreiung und Freiheit; wir müssen nicht sterben, um Befreiung und Freiheit zu spüren. Die gegenwärtigen Geistesplagen von Anhaftung und Hass, falschem Verstehen und Angst erleben wir als sehr unangenehm; wir leiden darunter und fühlen uns niedergedrückt. Geistesplagen und falsche Sichtweisen sind wie Dornen, die wir noch nicht entfernen konnten. Durch jeden entfernten Dorn wird sich ein zusätzliches Wohlgefühl einstellen, und dieses Gefühl ist Nirvāṇa.

ZWEI HINDERNISSE: DIE GEISTESPLAGEN UND DAS GEWUSSTE

Es gibt zwei Barrieren, die uns den Kontakt mit Nirvāṇa versperren: die Geistesplagen oder Geistestrübungen und das Gewusste[2]. Das Hindernis der Geistesplagen besteht aus Begierde, Hass und Eifersucht. Sie sind wie Flammen, die uns verbrennen. Das Hindernis des Gewussten besteht aus diskriminierenden, dogmatischen und dualistischen Denkgewohnheiten und falschen Ansichten wie dem Glauben an ein getrenntes Selbst und daran, dass die

2 Der Sanskrit-Begriff *jñeyāvaraṇa* bedeutet, dass wir von dem blockiert werden, was wir zu wissen glauben.

Dinge außerhalb voneinander existieren. Oft halten wir unsere falsche Ansicht für die Wahrheit, aber in Wirklichkeit verdeckt und verschleiert sie die Wahrheit der Dinge. Wenn wir falsche Ansichten transzendieren können, spüren wir einen immensen Raum um uns herum und in uns selbst. Die Flammen, die uns verzehrten, sind erloschen. Nirvāṇa bedeutet das Erlöschen der Flammen der Geistesplagen und das Verschwinden des Hindernisses des Gewussten. Es ist ein Zustand der Ruhe, Kühle, Sicherheit und Freiheit. Es ist der tägliche Verweilort der Menschen, die wir Weise oder Heilige nennen. Im Nirvāṇa-Kapitel steht der Vers:

Das Wild sucht Zuflucht in der freien Natur,
Vögel suchen sie im Himmel ...
Die Heiligen verbringen ihre Zeit in Nirvāṇa.

DER PFAD ZU NIRVĀṆA

Es gibt einen Praxispfad, eine edle Lebensweise, genannt der Edle Achtfache Pfad[3], der mit Rechter Ansicht beginnt. Rechte Ansicht oder Sichtweise transzendiert alle Vorurteile und jeden Dogmatismus, alle dualistischen Denkweisen, alle Vorstellungen von Sein und Nichtsein, Geburt und Tod. Auf Rechter Ansicht gründen Rechtes Denken, Rechte Rede und Rechtes Handeln.

3 Der Edle Achtfache Pfad: Rechte Ansicht, Rechtes Denken, Rechte Rede, Rechtes Handeln, Rechter Lebenserwerb, Rechtes Bemühen, Rechte Achtsamkeit und Rechte Konzentration.

Diese Praktiken helfen uns dabei, die Hindernisse der Geistesplagen und des Gewussten allmählich zu entfernen. In dem Maße, in dem wir sie praktizieren, erfahren wir Nirvāṇa.

Diese Hindernisse müssen wir nicht vollständig entfernt haben, um Nirvāṇa zu erfahren. Wenn wir zehn Prozent der Hindernisse der Geistesplagen und des Gewussten transformieren können, haben wir zehn Prozent Nirvāṇa. Sind es neunzig Prozent, werden wir neunzig Prozent Nirvāṇa haben. Die Geistesplagen und das Hindernis des Gewussten, die verbleiben, werden als Überreste bezeichnet. Noch nicht hundertprozentiges Nirvāṇa wird Nirvāṇa mit Überrest genannt. Wenn die verbliebenen Geistesplagen und das Hindernis des Gewussten vollständig transformiert sind, verwirklichen Praktizierende das endgültige Nirvāṇa, genannt Nirvāṇa ohne Überrest. Die auf der Erde lebenden Buddhas und Bodhisattvas sind in der Lage, in diesem Nirvāṇa ohne Überrest zu verweilen. Diese Lehrauffassung findet sich in den frühen Lehren des Buddha.[4]

Später hat es in der Übertragung der Lehren Fehler gegeben. So entwickelte sich die falsche Vorstellung, dass der erwähnte *Überrest* sich auf die fünf *skandhas*[5] bezöge. Aus diesem Grund wurde dann angenommen, das letztendliche Nirvāṇa sei nur möglich, wenn es keine Skandhas mehr gebe.

---

4 So zum Beispiel im *Sutta Nipāta*, einigen Versen des *Dharmapada* und anderen Sūtras in den Pali-Nikāyas sowie den chinesischen und Sanskrit-Āgamas.

5 Die fünf Skandhas – Körper, Empfindungen, Wahrnehmungen, geistige Gebilde, Bewusstsein – wurden als unser Leben ermöglichendes Daseinssubstrat *(upādhi)* verstanden.

Diese Ansicht führt fälschlicherweise zu der Auffassung, dass Nirvāṇa mit Überrest ein vorübergehender Zustand des Glücks sei, der die restlichen Jahre im Leben jener Praktizierender andauere, die den Pfad verwirklicht haben, und dass nach der Auflösung der fünf Skandhas der ewige Tod folge (Nirvāṇa ohne Überrest).

AUF DEM PFAD SEIN BEDEUTET NIRVĀṆA ERFAHREN

In den Lehren der Vier Edlen Wahrheiten[6] ist die Dritte Wahrheit gleichbedeutend mit Nirvāṇa. Nirvāṇa ist das Zur-Ruhe-Kommen und Erlöschen der Geistesplagen und des Hindernisses des Gewussten. Deshalb wird Nirvāṇa manchmal die Wahrheit des Erlöschens oder Aufhörens *(nirodha)* genannt. Erlöschen bedeutet die Abwesenheit oder das Zur-Ruhe-Kommen des Leidens; es ist Frieden und Freiheit. Die Vierte Wahrheit ist der Achtfache Pfad *(aṣṭāṅgika mārga)*, der Pfad, der das Ende des Leidens beinhaltet.

Wenn wir die Vier Edlen Wahrheiten auf nichtdualistische Weise verstehen, sind der Pfad und das Erlöschen des Leidens nicht zwei verschiedene Dinge. Auf dem Pfad (die Vierte Edle Wahrheit) erfahren wir auch die Beendigung des Leidens (die Dritte Edle Wahrheit) und das bedeutet: Wir erfahren Nirvāṇa – Nirvāṇa mit Überrest *(upādiśeṣa)*. Sobald wir also die Vierte Edle Wahrheit,

6 Unwohlsein; die Ursachen des Unwohlseins; das Ende des Unwohlseins (Wohlsein); der Pfad zum Ende des Unwohlseins.

den Pfad, zu praktizieren beginnen, kosten wir den Wohlgeschmack von Nirvāṇa. Ob Mönch, Nonne, Laie oder Laiin – wir alle haben die Fähigkeit, mit Nirvāṇa eng verbunden zu sein, während wir die Vierte Edle Wahrheit praktizieren. Deshalb können wir sagen: »Es gibt keinen Weg zu Nirvāṇa; Nirvāṇa ist der Weg.« Dies ist die nichtdualistische Weise, die Vier Edlen Wahrheiten zu verstehen.

DER RAUM AUSSERHALB DES RAUMS

Tue Trung Thuong Si, der Autor von *Die Aufzeichnungen des Erhabenen Meisters*, war ein vietnamesischer Zen-Meister aus dem dreizehnten Jahrhundert. Er war der ältere Bruder von Hung Dao Vuong Tran Quoc Tuan[7]. Er hat Nirvāṇa als den Raum außerhalb des Raums beschrieben. Der Raum außerhalb des Raums ist unermesslicher als der Raum innerhalb des Raums. In unserem Leben als Mensch sind wir durch Zeit und Raum begrenzt, durch Geburt und Tod, Andauern und Aufhören, Sein und Nichtsein. Das liegt daran, dass unsere Wahrnehmungen durch falsche Sichtweisen und Geistesplagen verdunkelt sind. Wenn wir fähig sind, beide zu überwinden, erreichen wir den Raum außerhalb des Raums, der viel weiträumiger und viel glückverheißender ist. Der Raum außerhalb des Raums ist Nirvāṇa. Das ist kein utopischer Traum. Wenn wir uns auf die Vierte Edle Wahrheit verlassen und unsere Praxis da-

---

7 Der General, der die Dai-Viet-Armee anführte, welche die mongolischen Truppen besiegte, die in Vietnam eindringen wollten.

ran orientieren, wird der Raum außerhalb des Raums sofort real. In seinem Gedicht »Gehen in Freiheit« (»Phóng Cuồng«) schrieb Tue Trung: »Mit seinem Stab in der Hand wandert er frei umher im Raum außerhalb des Raums.« Wenn unsere spirituellen Vorfahren dazu in der Lage waren, was sollte uns, ihre Nachkommen, daran hindern, das Gleiche zu tun?

DER TEXT

1

EINFÜHRUNG IN DAS NIRVĀṆA-KAPITEL

Anhand der folgenden Methode können wir das *Dharmapada* erfolgreich studieren und verstehen.

DIE ZUSAMMENGESETZTE NATUR DES SŪTRA

Als unsere Dharma-Vorfahren das *Dharmapada* zusammenstellten, versammelten sie Verse unter verschiedenen thematischen Überschriften.[8] Sie ordneten sie anders an, als sie in den ursprünglichen Sūtras zu finden waren. Das »Nirvāṇa-Kapitel« ist eine dieser Überschriften. Es gibt noch weitere wie »Unbeständigkeit« und »Liebende Güte«. Die Dharma-Vorfahren sammelten Versunterweisungen des Buddha über Nirvāṇa aus vielen verschiedenen Sūtras des buddhistischen Kanons und fügten sie zu einem Kapitel über Nirvāṇa zusammen.

---

8 Das *Dharmapada* soll der Ehrwürdige Dharmatrāta zusammengestellt haben, ein berühmter Kommentator der Sarvāstivāda-Schule.

Möglicherweise sagte der Buddha einen Vers bei einer bestimmten Gelegenheit und einen anderen an einem anderen Ort unter ganz anderen Umständen. Der Buddha hat diese beiden Verse also nicht unbedingt nacheinander gelehrt. Insofern entspricht die Reihenfolge der Verse im *Dharmapada* der Anordnung, wie sie die Dharma-Vorfahren festgelegt haben, nicht der Reihenfolge, in der sie vom Buddha gelehrt wurden. Wenn wir das *Dharmapada* lesen, sollten wir daran denken, dass es sich nicht um eine Lehrrede handelt, die der Buddha bei einer Gelegenheit von Anfang bis Ende gegeben hat.

SŪTRAS MIT KONVENTIONELLER UND SŪTRAS MIT TIEFER BEDEUTUNG

Es gibt zwei Arten von Sūtras, die Sūtras mit tiefer Bedeutung und die Sūtras mit konventioneller Bedeutung. Die Sūtras mit tiefer Bedeutung beziehen sich auf die letztendliche Wahrheit *(paramārtha-satya)*. Die Sūtras mit konventioneller Bedeutung beziehen sich auf die relative Wahrheit *(saṃvṛti-satya)*.

Es gibt Sūtras, in denen es heißt, wir müssten die Welt von Geburt und Tod verlassen, um in die Welt des Nirvāṇa zu gelangen. Das setzt voraus, dass es so etwas wie Geburt und Tod gibt und dass Nirvāṇa etwas anderes ist als Geburt und Tod. Es gibt andere Sūtras, wie das *Herz-Sūtra*, die besagen, dass Geburt und Tod nur Vorstellungen und in Wirklichkeit nicht real seien. Das *Herz-Sūtra* ist ein Sūtra mit tiefer Bedeutung. Es gibt Sūtras, die über die Vier Edlen Wahrheiten sprechen, und wir wissen, dass diese zur grundlegenden Lehre des Buddhismus gehören.

Im *Herz-Sūtra* heißt es, dass die Vier Edlen Wahrheiten nicht existieren, und das bedeutet, wir können durch tiefes Schauen erkennen, dass keine der Vier Wahrheiten als eigenständige Entität existiert. Wie kann es Leiden geben, wenn es kein Glück gibt? Wie kann es Glück geben, wenn es kein Leiden gibt? Das Leiden, seine Ursache, sein Ende und der Pfad sind die Vier Wahrheiten, aber jede dieser Wahrheiten kann in den anderen drei gefunden werden. Keine der Wahrheiten vermag außerhalb der anderen drei zu existieren. Das Leiden, seine Ursache, sein Ende und der Pfad sind keine getrennten Entitäten.

Es scheint so, als wären die Lehre von den Vier Edlen Wahrheiten als eigenständige Entitäten und die Lehre, dass sie nicht als eigenständige Selbst-Entitäten existieren, zwei miteinander im Widerstreit stehende buddhistische Lehren. In Wirklichkeit sind sie es nicht. Es ist nur so, dass die eine Lehre zu den tiefen Lehren gehört und die andere zu den konventionellen.

Die Dharma-Vorfahren stellten im Sūtra Verse mit tiefer Bedeutung neben Verse mit konventioneller Bedeutung. Verstehen wir, dass es zwei Arten der Wahrheit gibt, stellt sich uns nicht mehr die Frage, warum ein Vers nicht mit einem anderen übereinzustimmen scheint.

Das Nirvāṇa-Kapitel besteht aus sechsunddreißig Versen. Als buddhistische Gelehrte sollten wir in der Lage sein, zu erkennen, welche Verse eine tiefe Bedeutung haben und welche eine konventionelle. Die Sūtras mit tiefer Bedeutung sind sehr interessant und nützlich, aber das gilt auch für die Sūtras mit konventioneller Bedeutung. Jede Art von Sūtra hat ihre Funktion. Am besten beginnen wir mit den Sūtras mit konventioneller Bedeutung und studieren dann nach und nach die Sūtras mit tiefer Bedeutung.

Wir müssen um die Vier Edlen Wahrheiten wissen: das Leiden, die Ursache des Leidens, das Ende des Leidens und den Pfad, der zum Ende des Leidens führt. Erst wenn wir sie gut verstanden haben, können wir über sie hinausgehen. Würden wir von vorneherein sagen: »Kein Unwohlsein, keine Ursache des Unwohlseins, kein Ende des Unwohlseins und kein Pfad«, dann wäre das für uns nur sehr schwer zu verstehen.

Da nicht alle Verse des Sūtra von der gleichen Wahrheitsebene aus sprechen, könnten wir sagen, dass es Ungereimtheiten im Sūtra gibt. Als buddhistische Gelehrte wissen wir, dass wir die Verse mit tiefer Bedeutung nicht mit den Versen mit konventioneller Bedeutung vergleichen können. Wenn wir einen Vers mit konventioneller Bedeutung studieren, werden wir erkennen, dass er uns dabei helfen wird, allmählich zur tieferen Bedeutung zu gelangen. Buddhistisch Praktizierende sollten auch Gelehrte sein, intelligente Forscherinnen, die auf wissenschaftliche Weise studieren. Praktizierende sollten nicht bedingungslos an alles glauben, was sie lesen.

In diesem Kapitel gibt es Verse, die sich auf die letztendliche Dimension beziehen, in der es keine Vorstellungen von rein und unrein gibt. In Nirvāṇa gibt es keine Vorstellungen von Reinheit und Unreinheit, innen und außen, Kommen und Gehen, Glück und Leiden. Dasselbe Kapitel enthält Verse, die besagen, der Körper sei unrein; warum sollte man an einem Ort, der unrein ist, nach Glück suchen? Den Sūtras mit tiefer Bedeutung zufolge jedoch besteht weder Reines noch Unreines. Also gibt es zwei Zugänge zur Wahrheit. Zunächst einmal sollten wir das gesamte Kapitel von Anfang bis Ende lesen und erkennen, welche Verse eine tiefe Bedeutung haben und welche eine konventionelle. Uns sollte bewusst sein, dass die Verse mit konventioneller Bedeutung dazu da sind, uns zur tiefen Bedeutung hinzuführen.

ÜBER DIE ÜBERSETZUNG

Das chinesische *Dharmapada* hat neununddreißig Kapitel, während die Pali-Version *Dhammapada* nur sechsundzwanzig Kapitel umfasst. Die Pali-Version *Dhammapada*, die derzeit sowohl im Westen als auch in Vietnam am weitesten verbreitet ist, enthält das Nirvāṇa-Kapitel nicht. Dieses ist nur im chinesischen *Dharmapada* zu finden.

Das chinesische *Dharmapada*[9] wurde in der Mitte des dritten Jahrhunderts u. Z. in der Hauptstadt des Wu-Königreichs Jianye (建業), heute bekannt als Nanjing, aus dem Sanskrit übersetzt. Damals gab es nur einen einzigen Tempel in der Hauptstadt, genannt Jian Chu (建初) oder der Erste Tempel. Gegründet wurde er von einem vietnamesischen Zen-Meister namens Tang Hoi[10] (Chinesisch: Kang Senghui, 康僧會) mit Unterstützung von Sun Quan (孫權), dem damaligen König von Wu. Die Übersetzung stammt von Wei Qinan (維祈難) und das Vorwort von Zhi Qian (支謙). Das *Dharmapada* wurde sehr wahrscheinlich im Ersten Tempel übersetzt, in dem Tang Hoi der Abt war.

---

9 *Taishō* 210.

10 Meister Tang Hoi wurde im ersten Jahrzehnt des dritten Jahrhunderts geboren und soll im Jahr 280 u. Z. gestorben sein.

Zen-Meister Thich Nhat Hanh hat das Sūtra aus dem Chinesischen ins Vietnamesische übersetzt, danach hat es die buddhistische Nonne (Bhikshuni) True Virtue mit seinen Kommentaren aus dem Vietnamesischen ins Englische übertragen. Die Übersetzung des gesamten chinesischen *Dharmapada* durch Thich Nhat Hanh wurde auf Vietnamesisch unter dem Titel *Kết Một Tràng Hoa* (»Eine Girlande aus Blumen«) veröffentlicht.

2

DAS NIRVĀṆA-KAPITEL

Kapitel sechsunddreißig des chinesischen Dharmapada

NIRVĀṆA – DAS LETZTENDLICHE GENIESSEN

1

Geduld ist der beste Weg, sich zu schützen.
Der Buddha hat Nirvāṇa als das Höchste und Beste gepriesen.
Wenn śramaṇas[11] *das weltliche Leben verlassen und die Richtlinien einhalten,*
fügen sie niemandem Schaden zu.

2

Gute Gesundheit ist der größte Gewinn,
Zufriedenheit der größte Reichtum,

---

11 Mönche, Nonnen, Asketinnen und Asketen. (Anm. d. Übers.)

Loyalität deine beste Freundin,
Nirvāṇa die größte Freude.

3
Hunger ist die am schwersten zu ertragende Not.
Das größte Leiden verursachen die Gebilde.
Vertiefe dich weiter in die Wahrheit, um zu verstehen,
dass Nirvāṇa das größte Glück ist.

4
Nur wenige Menschen auf der Welt sind auf dem heilsamen Pfad.
Auf dem unheilsamen dagegen sind viele.
Vertiefe dich in die Wahrheit, um zu verstehen,
dass Nirvāṇa der sicherste Verweilort ist.

5
Geburt in den himmlischen Bereichen ist durch heilsame Ursachen bedingt.
Unheilsame Geschicke verdanken sich unheilsamen Ursachen.
Nirvāṇa gründet in Ursachen,
es benötigt ebenfalls Bedingungen.

6
Das Wild sucht Zuflucht in der freien Natur,
Vögel suchen sie im Himmel.
Die Manifestation der Phänomene beruht auf einer Unterscheidung.
Der wahre Mensch braucht Nirvāṇa, um in Freiheit zu leben.

7

Einsicht in Kein-Beginn und Kein-Nichtbeginn,
Kein-Sein und Kein-Nichtsein,
das ist das Nichterlangbare,
das Unbegreifbare.

8

Der Geist ist schwer zu erfassen, aber die
Gewohnheitsenergien können erkannt werden.
Wer seinen begehrenden Geist zu erkennen vermag,
wird alles klar sehen.
Gibt es kein Objekt der Begierde, ist es möglich,
alle Arten von Leiden zu vermeiden.
Durch Verblendung nimmt das Leiden stetig zu.

9

Ein klarer, unbefleckter und reiner Geist vermag
das Begehren zu bezähmen.
In diesem Moment kommst du nicht mehr mit der
Welt des Leidens in Berührung,
auch wenn deine Augen noch sehen, deine Ohren
noch hören,
dein Gedächtnis sich noch erinnert und dein
Bewusstsein noch unterscheidet.

10

Nachdem du Nichtanhaftung und Nichtunterscheidung
verwirklicht
sowie alle Ideen losgelassen hast, kannst du in diesen
Bereich eintreten.
Du wirst die Wahrnehmung des Selbst transzendieren,
alle Leid verursachenden geistigen Gebilde meistern

und die Gewohnheit wertend-unterscheidender Wahrnehmung gänzlich beseitigen.
So wird es kein Leiden mehr geben.

11
Vermagst du in einer unruhigen Umgebung Geistesruhe zu bewahren, bleibst du in Stille.
Mit einem aufgewühlten Geist kannst du Nirvāṇa nicht nah sein, vermagst keinen Frieden und keine Freude zu erleben.
Wenn die Vorstellungen von Leid und Glück transzendiert sind, ist wahre Stille da.
Sind die Vorstellungen von wahrer Stille transzendiert, gibt es keine Notwendigkeit mehr für Kommen und Gehen.

12
Wenn es kein Kommen und Gehen mehr gibt, enden auch Geburt und Tod.
Wie könnte nach dem Ende von Geburt und Tod noch zwischen Diesem und Jenem unterschieden werden?
Die Vorstellungen von Diesem und Jenem haben beide aufgehört.
Die absolute Stille, und das ist Nirvāṇa, ist die Befreiung von einer Welt des Leidens.

13
O Mönche, es gibt in der Welt Geburt, Sein, Geschaffenes und Bedingtes.
Aber es gibt auch Keine-Geburt, Kein-Sein, Nichtgeschaffenes und Nichtbedingtes;

denn diese sind der Ausweg aus Geburt, Sein, Geschaffenem und Bedingtem.

14
Nur wer das Nichtdenken erlangt hat,
kann Nirvāṇa erreichen.
Sobald es keine Geburt mehr gibt, gibt es auch kein Sein mehr.
Es gibt keinen Ort für das Geschaffene und keinen für das Bedingte.

15
Jemand, der Geburt, Sein, Geschaffenes und Bedingtes wahrnimmt,
hat die Essenz noch nicht erreicht.
Wenn du die Natur von Keine-Geburt verstehen kannst,
wirst du Sein, Geschaffenes und Bedingtes nicht wahrnehmen.

16
Weil es Sein gibt, muss es Geburt geben.
Und weil es Geburt gibt, setzt sich das Sein fort.
Wenn es Geschaffenes und Bedingtes gibt, gibt es Tod und Geburt.
Offen ist dann das Tor von Geburt und Tod, es führt zum Entstehen aller Phänomene.

17
Alles lebt aufgrund von Nahrung.
Selbst Glück und Traurigkeit brauchen Nahrung, um zu überleben.

Ist die unverzichtbare Nahrung nicht vorhanden,
gibt es keine Spur von Gebilden mehr zu entdecken.

18
Wenn das Leiden endet und die Gebilde zur Ruhe gekommen sind,
wird das Glück in aller Stille da sein, und es wird Frieden herrschen.
O Bhikshus, dies habe ich erkannt,
und so strebe ich nicht mehr danach, in einen bestimmten Bereich zu gelangen.

19
Es gibt keinen Bereich des unendlichen Raums.
Keinen Ort, an den wir gelangen müssten.
Kein Hinwenden zum Bereich von Weder-Wahrnehmung-noch-Nichtwahrnehmung.
Es gibt weder dieses Leben noch das nächste Leben.

20
Es gibt keine Vorstellungen über das Dasein von Sonne und Mond.
Es gibt kein Gehen und kein Zurückbleiben.
Kein eigenständiges Selbst, das gehen und zurückkehren kann.
Also gibt es auch kein Gehen und Zurückkehren.

21
An dem Ort, an dem nichts verloren geht und nichts andauert, um wiedergeboren zu werden, dort ist Nirvāṇa.
Durch und durch ergründet ist dann die Frage,

ob es ein Objekt der Wahrnehmung gibt oder nicht,
ebenso wie die Frage nach der Natur von Leiden und
Glück.

22
Was wir sehen, macht uns keine Angst mehr.
Wir zweifeln nicht mehr an Dingen, die ausgedrückt
oder nicht ausgedrückt werden können.
Ist der Pfeil erst einmal abgeschossen, fällt er die
Vorstellungen von Sein und Nichtsein.
In der Begegnung mit einem Unverständigen hast
du nicht das Gefühl, erklären zu müssen.

23
Das ist die höchste Art der Glückseligkeit.
Es gibt nichts Höheres als den Pfad der Stille von
Nirvāṇa.
Nun haben wir die Fähigkeit, alles mit einzuschließen,
unser Geist ist wie die Erde,
und die Praxis, alles mit einzuschließen, ist wie eine
Zitadelle.

24
So rein wie sauberes Wasser,
wenn es keine Geburt mehr gibt, gibt es kein Erbe
der Knechtschaft.
Sieg und Gewinn sind keine Maßstäbe mehr, denen
zu folgen wäre,
denn Sieg und Gewinn sind immer von Leiden
begleitet.

25
Du solltest nur nach der Art von Sieg und Gewinn Ausschau halten, die der Praxis des Dharma entspringt.
Nach dem Sieg des Dharma gibt es keine Grundlage mehr für den Kreislauf von Geburt und Tod.
Sobald die Grundlage fehlt, gibt es auch kein Hervorbringen mehr (der Fesseln, die binden).
Wenn du dem Kreislauf von Geburt und Tod ein Ende setzen willst, solltest du kein unkeusches Leben führen.

26
Ist ein Samen einmal verbrannt, kann er nicht mehr sprießen.
Das Aufhören falschen Denkens ist einem erloschenen Feuer vergleichbar.
Das Sexualorgan ist ein Meer der Unreinheit.
Warum sollte man an einem solchen Ort nach Vergnügen suchen?

27
Obwohl es die oberen heilsamen Bereiche gibt, sind sie mit Nirvāṇa in nichts zu vergleichen.
Wenn du alles verstehst, beendest du sämtliche Geistesplagen.
Du haftest nicht länger der Welt an.

28
Alles loszulassen und zum Ufer von Nirvāṇa zu gelangen
ist der schönste aller Pfade.

Uns zuliebe hat der Buddha die Edlen Wahrheiten gelehrt.
Jemand, der weise und tapfer ist, kann diese Lehre empfangen und praktizieren.

29
Lebt man das heilige Leben der Keuschheit ohne jeden Makel,
so erkennt man sich selbst, transzendiert Zeit und Raum, verwirklicht Frieden.
Begibt man sich auf den Pfad der Praxis,
muss man als Erstes das sexuelle Begehren hinter sich lassen.
Unverzüglich sollte man sich mit der Praxis der Richtlinien schmücken, die der Buddha gelehrt hat.

30
Beende die Geistesplagen, lass die Welt der Knechtschaft hinter dir,
so leicht, wie ein Vogel seine Flügel ausbreitet und in den Himmel fliegt.
Wenn du die Lehren des Dharmapada *verstehst,*
wirst du mit ganzem Herzen auf dem Pfad der Praxis voranschreiten.

31
Dies ist der Pfad, der zum Ufer von Keine-Geburt und Kein-Tod und damit
zum Ende von Leid und Unheil führt.
Auf dem spirituellen Weg gibt es keine Unterscheidung mehr zwischen Freund und Feind. Du brauchst nicht zu wissen, wer weltliche Macht besitzt und wer nicht.

32
Am wichtigsten ist es, sich nicht in Wahrnehmungen zu verfangen.
Wenn Gebundensein und Ungebundensein beide rein sind,
haftet ein Mensch mit tiefem Verstehen nicht mehr an diesem dem Zerfall unterworfenen Körper an und erkennt, dass er keinen festen Grund in der Wirklichkeit hat.

33
Dieser Körper bringt viel Leid und sehr wenig Frieden und Freude.
Von allen neun Körperöffnungen ist keine rein.
Der weise Mensch weiß, wie er eine gefährliche Situation in eine friedvolle verwandelt,
er hört auf zu prahlen und entgeht so dem Leid.

34
Wenn dieser Körper sich auflöst, wird er zu Staub.
Jemand, der weise ist, versteht, ihn loszulassen und nicht daran zu haften.
Schaust du tief und erkennst, dass dieser Körper ein Werkzeug mit vielen Fesseln ist,
wirst du nicht mehr unter Geburt, Alter, Krankheit und Tod leiden.

35
Das Unreine loszulassen und den Weg der Reinheit zu beschreiten
gibt dir die Möglichkeit, zu großem Frieden zu gelangen.

Stützt du dich auf Verstehen, legst falsche Sichtweisen ab
und greifst sie nicht wieder auf, so enden die Befleckungen.

36
Du lebst das heilige Leben, transzendierst Zeit und Raum
und wirst sowohl von den Menschen als auch den Göttern verehrt.

DER KOMMENTAR

3
EINLEITUNG

Anmerkung der englischen Übersetzerin: Der Kommentar besteht aus einer Reihe von Dharma-Vorträgen, die Zen-Meister Thich Nhat Hanh in den Frühlings- und Winterretreats von 2010 in Plum Village in Frankreich über das Nirvāṇa-Kapitel des chinesischen *Dharmapada* gehalten hat.[12] Er schloss die Belehrungen über dieses Sūtra im Dezember desselben Jahres ab. Die siebzehn Vorträge wurden auf Vietnamesisch gehalten.

Das Sūtra, dem wir den Titel »Das Letztendliche genießen« gegeben haben, ist ein Kapitel des *Dharmapada*, genannt das Nirvāṇa-Kapitel oder Kapitel über Nirvāṇa. In der englischen Übersetzung verwenden wir das Wort »ultimate« [Deutsch: »letztendlich«] zur Übersetzung des vietnamesischen Ausdrucks »Raum außerhalb des Raums«. Gemeint ist damit der Raum, der über unsere Vorstellungen von Zeit und Raum hinausgeht. Obwohl der Raum um uns herum, der Raum, in dem wir leben, unermesslich groß ist, fühlen wir uns dennoch eingeengt, denn in dieser Art von Raum sind Zeit und Raum relativ. Unser Raum ist der

12 Der vietnamesische Text und der Kommentar wurden in vietnamesischer Sprache unter dem Titel *Rong Chơi Trời Phương Ngoại* veröffentlicht.

Raum von Geburt und Tod, Fortbestehen und Aufhören, oben und unten, vorher und nachher. In diesem Raum können wir uns nicht wirklich wohlfühlen.

AUSSERHALB VON RAUM UND ZEIT

Der Buddhismus lehrt, dass der Raum und die Zeit, in denen wir leben, nicht notwendigerweise objektive Realitäten außerhalb unseres Geistes sind, sondern Schöpfungen unseres Bewusstseins. Der Raum außerhalb des Raums ist anders und transzendiert den von unserem Geist geschaffenen Raum. In diesem Raum gibt es keine Geburt und keinen Tod, kein Kommen und kein Gehen, kein Fortdauern und kein Aufhören. An diesem Ort fühlen wir uns viel wohler. Wenn wir den konzeptuellen Raum loslassen, haben wir eine andere Art von Raum, den wir den Raum außerhalb des Raums nennen. »Das Letztendliche genießen« bedeutet, dass wir es genießen können, in diesem Raum außerhalb des Raums zu sein. An diesem Ort gibt es kein »uns« und »sie«, keine Diskriminierung anderer. Dieser Raum ist unendlich weit, und er wird auch Nirvāṇa genannt.

AUSSERHALB VON WORTEN UND KONZEPTEN

Nirvāṇa kann nicht in Worten und Begriffen beschrieben werden. Es gibt nichts, was wir über Nirvāṇa aussagen oder uns vorstellen könnten, denn es liegt außerhalb unserer Begriffe und Konzepte. Über Nirvāṇa zu sprechen ist wie ein Spiel mit Worten, denn Nirvāṇa kann sprachlich und begrifflich nicht beschrieben werden. Trotzdem haben der Buddha und die Dharma-Vorfahren über Nirvāṇa gesprochen. Sie haben etwas getan, was nicht getan werden kann. Aus Mitgefühl haben sie ihr Äußerstes getan, um ein wenig darüber zu sprechen. Sie wussten sehr wohl, dass sie beim Sprechen die größte Sorgfalt walten lassen mussten, damit die Zuhörenden sich nicht in den Worten und Begriffen verfangen würden. Jemand, der über Nirvāṇa lehrt, muss in der Lage sein, geschickt zu sprechen, damit die Menschen nicht in dem Gehörten stecken bleiben. Die Dharma-Vorfahren haben ihr Bestes getan, um in geschickter Weise über Nirvāṇa zu sprechen, und wir als Schülerinnen und Schüler müssen unser Möglichstes tun, um geschickt zuzuhören, damit wir uns nicht in dem verfangen, was sie gesagt haben. Beide Seiten müssen ihr Bestes tun. Beim Studium dieser Verse über Nirvāṇa ist es wichtig, sich daran zu erinnern.

Wir können sagen: »Genieße deine Zeit im Letztendlichen« oder »Genieße den Raum des Letztendlichen«. Wir können den Raum des Letztendlichen auf eine sehr tiefe Weise genießen, denn darin gibt es keine Geburt und keinen Tod, keine Sorgen, keinen Kummer, kein Sein und kein Nichtsein. Es genießen oder sich daran erfreuen bedeutet hier, dass es nichts gibt, was wir tun müssten, wir müssen nirgendwohin gehen, nur unser Gehen genießen. Das einzige Problem mit dem Wort »genießen« ist, dass es nicht die Idee von Weite impliziert. Im Französischen gibt es das Wort *flâner* (»flanieren«), das bedeutet, sich daran zu erfreuen, ohne Ziel umherzustreifen. Im Sūtra finden sich die Bilder von frei am Himmel fliegenden Vögeln und von Wild, das sich wohlfühlt, in der Natur umherzustreifen. Nirvāṇa bedeutet, dass du dir die Zeit nimmst, um zu genießen, wo du bist.

IN DER LETZTENDLICHEN DIMENSION RUHEN

In der christlichen Theologie haben die Menschen viel über Gott debattiert. Gott lässt sich nicht in Worten beschreiben und vom Geist begrifflich und konzeptuell erfassen. Alles, was wir über Gott sagen oder denken, verfehlt ihn, denn Gott ist vollkommen jenseits von Denken und Sprache. Wenn wir das Christentum mit offenem Geist studieren, werden wir sehen, dass es auch im Christentum Nirvāṇa gibt, und das wird Gott genannt. Gott ist nicht so sehr der Schöpfer, der alles, was ist, erschaffen hat, sondern er ist der Grund, der alle Phänomene möglich macht, der Seinsgrund. Im Christentum verwendet man den Ausdruck »in Gott ruhen«, was bedeutet, zu Gott zurückzukehren und Zuflucht bei Gott zu suchen. Wenn wir dieses Sūtra in die christliche Terminologie übersetzen wollten, würden wir es »Sūtra über das Ruhen in Gott« nennen. Gott ist das Äquivalent der buddhistischen letztendlichen Dimension. Wir kommen zur letztendlichen Dimension zurück und ruhen dort.

DIE ROLLE DES GLAUBENS UND DIE WISSENSCHAFTLICHE HERANGEHENSWEISE

Wir können dieses Sūtra als Wissenschaftler oder als Buddhistin studieren. Ein Wissenschaftler würde sagen, wenn wir Sūtras als Gläubige studieren, wären wir nie objektiv genug, um die Wahrheit zu entdecken, denn wir müssten unhinterfragt an alles glauben, was Buddha oder Jesus gesagt haben. Das widerspricht dem Geist der Wissenschaft. Auf den ersten Blick scheint es also, dass wir bei einem Sūtra-Studium als Gläubige oder Schüler nicht streng und gründlich genug wären. Aber wenn wir noch einmal hinschauen, sehen wir, dass diese Herangehensweise auch ihre starken Seiten hat. Erstens: Wir haben Vertrauen in unseren Lehrer. Vertrauen in unsere Lehrerin haben bedeutet, dass wir nicht sofort etwas ablehnen, was wir nicht verstanden haben. Wenn wir ständig abwägen, zweifeln und hinterfragen, kann das eine gute Beziehung zu unserem Lehrer schwierig machen, und wenn wir dann eine Lehre hören, nehmen wir nicht viel davon auf. Eine Lehrer-Schüler-Beziehung kann sehr förderlich sein. Verstehen ist nicht nur eine intellektuelle Angelegenheit. Es gibt Zeiten, in denen wir mit unserem Herzen verstehen müssen. Unser Geist ist mehr als unser Gehirn. Er umfasst auch unser Herz. Oft hat unser Herz seine eigene Einsicht und zieht seine eigenen Schlussfolgerungen.

Der Buddhismus nennt die Fähigkeit, etwas zu untersuchen und eine Sache mit einer anderen zu vergleichen, *anumāna*, was sowohl Deduktion als auch Induktion beinhaltet. Auch als Wissenschaftlerin verwenden wir Induktion und Deduktion. Wir sagen zum Beispiel: »Alle Lebewesen sterben. Der Mensch ist ein Lebewesen. Deshalb sterben die Menschen.« Das ist deduktives Denken. Abgesehen davon haben wir noch eine andere Fähigkeit, die kein logisches Denken voraussetzt. Sie heißt *pratyakṣa pramāṇa*, direkte Wahrnehmung. Es handelt sich um eine ganz besondere Fähigkeit. Zuweilen erkennen wir plötzlich die Wahrheit, ohne dass wir analysieren, denken oder schlussfolgern müssten. Für die Erleuchtung ist die direkte Wahrnehmung sehr wichtig. Da sie des Denkens nicht bedarf, ist sie eine Art Intuition.

Im Buddhismus spricht man auch vom logischen Denken und Schlussfolgern der edlen Lehrerinnen und Lehrer. Die Buddhas und die Erleuchteten haben Erfahrungen gemacht, sie haben die Wahrheit gesehen und versucht, Mittel zu finden, um uns ihr Verständnis weiterzugeben. Wir können uns auf ihre Lehren verlassen, um schnell zur Einsicht zu gelangen, ohne auf uns allein gestellt im Dunkeln tappen zu müssen. Das ist mit der Empfehlung gemeint, uns auf die Gedankengänge der edlen Lehrerinnen und Lehrer zu verlassen. Diese finden sich in den Sūtras. Sie beinhalten das, was Erleuchtete erfahren und erkannt haben und nun versuchen, uns zu vermitteln. Wenn wir geschickt genug sind, können wir uns für unsere eigene Erkenntnis und Verwirklichung auf diese Lehren stützen. Die Erleuchteten verwirklichen nicht die Wahrheit für uns. Sie leiten uns nur an, dem Weg müssen wir selbst folgen und ihn verwirklichen. Angenommen, wir haben noch nie eine Kiwi gegessen. Jemand, der bereits eine solche Frucht gegessen hat, wird uns sagen, dass eine Kiwi anders als eine Orange oder eine Mandarine sei. Sie habe in etwa die Größe eines Gänseeis, verfüge über eine haarige Schale und habe einen süß-sauren Geschmack. Den ganzen Tag könnte jemand damit verbringen, uns den Geschmack einer Kiwi zu beschreiben, und wir hätten immer noch keine Vorstellung von ihrem Geschmack. Trotzdem wissen wir dann ziemlich genau, was eine Kiwi nicht ist. Wenn wir mit einer Kiwi in Berührung kommen, müssen wir unseren Verstand nicht mehr einsetzen. Wir nehmen ein Messer, schälen sie, essen sie, und wir erfahren die Kiwi direkt und unmittelbar.

Auch in der Wissenschaft spielen die Schlussfolgerungen vorangegangener edler Lehrer und Lehrerinnen eine Rolle. Die Wissenschaftler und Wissenschaftlerinnen der Vergangenheit haben Entdeckungen gemacht. Nachfolgende Generationen von Studierenden brauchen die Experimente nur zu wiederholen, um die Wahrheit zu erfahren. Sie müssen nicht alles erneut erforschen. Diese Art des Erkenntnisgewinns ist sehr wichtig. Die Wissenschaft muss die spirituellen Lehren in dieser Hinsicht nicht herabsetzen.

DER UNTERSCHIED ZWISCHEN DEM, WAS DER BUDDHA LEHRTE, UND DEM, WAS SPÄTER HINZUGEFÜGT WURDE

Als Studierende des Buddhismus können wir von den Gedanken der edlen Lehrer und Lehrerinnen profitieren und gleichzeitig die Methoden der Wissenschaft nutzen. Die Wissenschaft kann für buddhistische Praktizierende sehr hilfreich sein. Studieren wir zum Beispiel das Nirvāṇa-Kapitel auf wissenschaftliche Weise, können wir herausfinden, was vom Buddha gesagt wurde und was später von den Dharma-Vorfahren hinzugefügt wurde. Der Buddha hat mündlich gelehrt. Später schrieben die Dharma-Vorfahren auf, was sie von den Aussagen des Buddha verstanden hatten. Die schriftlichen Lehren spiegeln also eher das Verständnis der Vorfahren wider als die Einsichten des Buddha. Durch eine wissenschaftliche Herangehensweise können wir die Vorstellung der Dharma-

Vorfahren herausfiltern, um zu den Erkenntnissen des Buddha zu gelangen. Außerdem kann es bei der Weitergabe der Lehren auch zu Missverständnissen und Fehlern gekommen sein. Zum Beispiel sprach einmal jemand über mein Buch *Old Path, White Clouds* (»Alter Pfad, weiße Wolken«)[13], und die andere Person verstand »Old Path, White Clothes« (»Alter Pfad, weiße Kleidung«).

Dank der wissenschaftlichen Methode sind wir in der Lage, die Fehler in der Überlieferung zu erkennen und die ursprüngliche Bedeutung wiederzuentdecken. Heutzutage können uns dabei auch archäologische und philologische Forschungen sehr helfen. Es ist klar, dass wir die Sūtras nicht nur als Schülerinnen des Buddha, sondern auch als Wissenschaftler studieren sollten. Manchmal lesen wir ein Sūtra, und es scheint nicht mit anderen Lehren des Buddha vereinbar zu sein. Fehlende Kompatibilität in den Lehren bedeutet jedoch nicht, dass die Lehren in sich selbst widersprüchlich sind.

RELATIVE WAHRHEIT UND ABSOLUTE WAHRHEIT STEHEN NICHT IM GEGENSATZ ZUEINANDER

Im Buddhismus gibt es zwei Arten von Wahrheit: die absolute Wahrheit *(paramārtha-satya)* und die konventionelle Wahrheit *(saṃvṛti-satya)*. Wie wir gesehen haben, werden

---

13 Titel der deutschsprachigen Ausgabe: *Wie Siddhartha zum Buddha wurde: Eine Einführung in den Buddhismus*, O.W. Barth Verlag, München 2020.

die Sūtras, die die absolute Wahrheit beschreiben, als »Sūtras mit tiefer Bedeutung« bezeichnet. Die Sūtras, die der Buddha Menschen lehrte, die gerade erst mit dem Studium und der Praxis begonnen hatten, und in denen die relative Wahrheit beschrieben wird, werden als »Sūtras mit konventioneller Bedeutung« bezeichnet. Sie sind leichter zu verstehen und die Grundlage, um tiefer und schließlich zur letztendlichen Wahrheit zu gelangen. Von den Worten her sind diese beiden Sūtra-Arten nicht miteinander vereinbar. Was den Geist anbelangt, so ergänzen sich die beiden.

Wenn wir das vorliegende Sūtra lesen, sollten wir die beiden Arten von Wahrheit nicht als Gegensätze verstehen, sondern erkennen, dass eine Art von Wahrheit zur anderen führt. Dies ist die Empfehlung der Dharma-Vorfahren. Als Schülerinnen und Schüler des Buddhismus müssen wir gut darauf achten, dies in unseren Studien und unserer Praxis anzuwenden.

DIE VIER BEREICHE DES VERTRAUENS

Im Buddhismus gibt es vier Prinzipien des Vertrauens, die wir beim Studium der Sūtras anwenden können. Sie sind unsere Methodik. Wenn wir diese Methodik gemeistert haben, werden uns unsere Studien weit, zu tiefer Einsicht führen. Mir wurden diese Vertrauensprinzipien beigebracht, als ich Novize war.

1. *Auf die Sūtras mit tiefer Bedeutung statt auf die Sūtras mit konventioneller Bedeutung vertrauen.*
   Hier wird uns gesagt, wir müssten uns nur auf die Sūtras mit tiefer Bedeutung stützen und nicht auf die

Sūtras mit konventioneller Bedeutung. Natürlich können wir die Sūtras mit konventioneller Bedeutung nutzen. Wir sollten nur nicht meinen, dass es sich dabei um Lehren der letztendlichen Wahrheit handelt.

2. *Auf das Dharma vertrauen statt auf die Person, die es lehrt.*
   Bei manchen Menschen, die vielleicht schon Dharma-Lehrende sind, zeigt ihre Praxis nicht, dass sie das, was sie lehren, schon vollständig in ihr Leben übernommen haben. Jemand mag sehr gute Belehrungen über die guten Umgangsformen für Mönche und Nonnen geben, aber seine eigene Praxis dieser Umgangsformen ist vielleicht nicht sehr gut. Selbst wenn es nicht einfach ist, mit einer Person zusammen zu sein, sollten wir, wenn sie die Lehren verstanden hat, geduldig sein und uns die Mühe machen, von dem zu lernen, was sie uns lehrt. Können wir den Lehrer oder die Lehrerin nicht akzeptieren, werden wir die Gelegenheit verpassen, das Dharma zu erlernen. Wenn die Dharma-Vorfahren lehrten, auf das Dharma und nicht auf eine Person zu vertrauen, haben sie das folgende Beispiel verwendet: In einem Abfalleimer befindet sich ein kostbares Juwel. Wenn wir das Juwel bergen wollen, müssen wir unsere Hände in den ganzen Müll tauchen, um es herauszuholen.

3. *Auf den Geist vertrauen und nicht auf das Wort.*
   Wir sollten uns nicht in den Worten verfangen, sondern den in den Worten verborgenen geistigen Gehalt der Lehre aufnehmen und verstehen.

4. *Auf die Weisheit und nicht auf das unterscheidende Bewusstsein vertrauen.*
   Unser Bewusstsein kann durch Unwissenheit vernebelt sein und ist von daher nicht vollkommen klar. Haben wir Wut, Unwissenheit und Eifersucht beseitigt, verfügen wir über Weisheit und viel mehr Klarheit. Wenn wir das Sūtra mit einem vernebelten oder zornigen Geist studieren, werden wir die Bedeutung dessen, was wir studieren, nicht erkennen. Bei unserem Studium sollten wir mehr die Weisheit als unser Bewusstsein nutzen, das eine starke Tendenz zu wertender Unterscheidung hat. Mit Weisheit ist hier die Intuition gemeint, die schnell zur Erleuchtung führen kann.

4

KOMMENTAR ZUM NIRVĀṆA-KAPITEL

VERS 1

Geduld ist der beste Weg, sich zu schützen.
Der Buddha hat Nirvāṇa als das Höchste und Beste gepriesen.
Wenn śramaṇas *das weltliche Leben verlassen und die Richtlinien einhalten,*
fügen sie niemandem Schaden zu.

忍為最自守
泥洹佛稱上
捨家不犯戒
息心無所害

Geduld ist der beste Weg, sich zu schützen.

In unserem Geist finden sich geistige Gebilde der Angst oder Furcht. Wir haben Angst vor Unfällen und vor von außen kommenden bösen Verschwörungen. Wenn wir in Angst leben, können wir nicht glücklich sein. Gleich in der ersten Zeile lehrt uns der Buddha, so zu leben, dass wir uns durch die Praxis der Geduld vor Angst schützen und uns so sicher fühlen können. Das ist der erste Schritt hin zu Nirvāṇa, denn Nirvāṇa ist vor allem Sicherheit.

Geduld bedeutet, dass wir zur Akzeptanz fähig sind. Sobald wir etwas akzeptieren können, haben wir die Kraft, weiterzugehen und es zu bewältigen. Es mag uns überraschen, dass der erste Vers mit dem Wort »Geduld« beginnt. Wir könnten uns fragen, warum eine Lehre über Nirvāṇa mit *kṣānti pāramitā* beginnt – der Praxis der Geduld, die uns an das Ufer der Befreiung führt. Kṣānti hat auch die Bedeutung von »fähig sein, etwas zu umfassen oder zu umarmen«, von »tolerant sein«, »etwas ohne große Schwierigkeiten annehmen und akzeptieren können«. Wir haben die Kraft, zu umfassen, zu umarmen und zu halten.

Wenn in einer Schachtel Platz für fünfzehn Pakete Nudeln ist, dann ist das die Kapazität der Schachtel. Auch unser Herz hat ein Fassungsvermögen. Wenn unser Herz klein ist, kann es nicht sehr viel umfassen. Ist es groß, kann es sehr viel umfassen. Manchmal wird Kṣānti auch mit »Ausdauer« übersetzt. Wenn Menschen »Ausdauer« hören, verstehen sie es vielleicht in einem negativen Sinn, dass sie sich dazu zwingen sollten, etwas zu ertragen, und in diesem Prozess dann leiden müssten. Doch Kṣānti bedeutet, etwas zu umfassen, zu umarmen, ohne dass wir uns dazu zwingen müssten. Das vietnamesische Wort bedeutet »annehmen und halten«. Wenn ich Geduld habe, kann ich dich problemlos halten und dich ganz in mein Herz nehmen.

Kṣānti ist eine der sechs Praktiken, der sechs *pāramitās* oder *Vollkommenheiten*, die uns an das Ufer der Befreiung führen können. In den Sūtras hat der Buddha eine sehr hilfreiche Metapher benutzt, um die Bedeutung dieser Praxis zu beschreiben.[14] Er nahm eine Handvoll Salz, gab es in eine Schüssel mit Wasser, rührte es um und sagte: »Ich habe eine Handvoll Salz in diese Schüssel mit Wasser getan. Weil es so salzig ist, ist es nicht trinkbar. Aber würdet ihr dieses Salz in einen Fluss geben, würde es den Fluss nicht salzig machen.« Der Fluss kann eine Handvoll Salz ohne Probleme aufnehmen, weil er so groß ist. In dem Sūtra heißt es: »Wasser hat die Fähigkeit anzunehmen, und auch die Erde, das Feuer und die Luft verfügen über sie.« Der Buddha lehrte einst seinen Sohn Rāhula: »Du solltest dich darin üben, wie die Erde zu sein, wie die Luft, wie das Wasser, wie das Feuer.«[15] Ohne die Worte Geduld oder Toleranz zu benutzen, hat der Buddha auf diese Weise deren Bedeutung ausgedrückt.

Mit einem großen, weiten Herzen können wir aufkommende Schwierigkeiten akzeptieren, ohne unter ihnen zu leiden. Ist unser Herz klein wie eine Erdnuss, wird uns jede Kleinigkeit Probleme bereiten. Geduld ist die Fähigkeit, unser Herz jeden Tag ein wenig mehr zu öffnen und zu weiten. Je größer unser Herz ist, desto größer ist unsere Fähigkeit zur Toleranz und desto kleiner wird unser Leiden sein. Das Herz des Buddha ist ein Herz ohne Begrenzung, ein grenzenloses Herz. Wenn unser Herz so groß wie das des Buddha ist, gibt es nichts, was uns irritieren oder Leid zufügen könnte; wir können alles umfassen und umarmen. Das ist mit transzendenter Geduld gemeint; sie ist eines der Tore, die den Weg zu Nirvāṇa öffnen.

---

14 *Aṅguttara Nikāya* 1.249–250.

15 *Majjhima Nikāya* 62.

Als ein Schüler, eine Freundin des Buddha sollten wir in unser eigenes Herz schauen, um herauszufinden, wie groß sein Fassungsvermögen ist. Ist es groß geworden oder noch sehr klein? Je größer es ist, desto mehr Frieden und Glück erleben wir.

Der Buddha hat Nirvāṇa als das Höchste und Beste gepriesen.

In den ersten beiden Zeilen dieses Verses werden die Adjektive im Superlativ verwendet. Der Buddha lobt die Geduld als den größten Schutz und Nirvāṇa als das Schönste. Wir lassen das weltliche Leben hinter uns. Wir üben uns in Keuschheit.[16] Wir verstoßen nicht gegen die Richtlinien. Wir wissen, wie wir unseren Geist beruhigen. Sobald wir das können, sind wir viel sicherer, und wir beginnen, die Sicherheit von Nirvāṇa zu schmecken.

Im weltlichen Leben streben viele Menschen Reichtum an und die Firmen konkurrieren in der Werbung miteinander: »Dieser Sportwagen wird dich zum glücklichsten Menschen auf der Welt machen« oder »Unser Computer ist das Tollste und Beste. Er wird für dich das Paradies sein, dir alles geben, was du dir nur wünschst«.

Nirvāṇa ist keine Ware, die man kaufen kann. Jede Religion kann ein Paradies, ein Reines Land oder Nirvāṇa verkaufen. Aber ist Nirvāṇa ein Produkt, das der Buddha und die Dharma-Vorfahren uns verkaufen wollen? Ist es ein Gelobtes Land oder ein Paradies im Himmel, das man

---

16 Dies bezieht sich auf Mönche und Nonnen. Laien praktizieren die Fünf oder die Vierzehn Achtsamkeitsübungen.

uns mit den Worten anzupreisen versucht: »Wenn du unserer Religion folgst, wenn du ein Mitglied unserer Gemeinde wirst, dann wirst du nach deinem Tod ins Nirvāṇa oder Himmelreich gelangen.«? Wir können klar erkennen, dass dies nicht der Fall ist. Dem Nirvāṇa-Kapitel zufolge ist Nirvāṇa immer da. Wir brauchen es nicht zu erwerben. Ich versuche dir nicht, etwas zu verkaufen, denn Nirvāṇa ist überall verfügbar. Wenn du weißt, wie du mit ihm in Berührung kommst, wirst du es automatisch erfahren. Es ist wie die frische Luft am frühen Morgen. Auch die ist einfach da. Du musst nur dein Fenster öffnen oder nach draußen gehen und kannst sie genießen. Der Buddha und unsere Dharma-Vorfahren haben es ausprobiert und uns einen Weg gewiesen, es zu erleben. Wenn wir uns auf geschickte Weise in Achtsamkeit üben, können wir das Letztendliche genießen.

Das Himmelreich oder das Paradies jenseits der Erde gehört der Zukunft. Wir müssen jetzt dafür bezahlen, und erst in der Zukunft wird die Ware geliefert. So ist es mit Nirvāṇa nicht. Wir können es sofort haben. Wir müssen nicht darauf warten, dass es sich in der Zukunft zeigt, und wir müssen keine Werbung dafür machen.

Nirvāṇa ist das höchste Ziel, dem wir folgen können. Es ist das Höchste und Schönste, das wir verwirklichen können. Wir müssen eine Sehnsucht nach Nirvāṇa haben, keine kleine Sehnsucht, sondern eine sehr tiefgehende. Stell dir vor, es ist erst vier Uhr morgens. Die Sterne und der Mond leuchten hell am Himmel, die Bäume sind durch das Rauschen des Windes erwacht. Der nächtliche Duft ist überreich vorhanden. Wenn wir wollen, brauchen wir nur unser Bettzeug zusammenlegen, uns anziehen und nach draußen gehen, um diesen Duft zu genießen. So ist Nirvāṇa. Es ist etwas sehr Angenehmes. Das Glück, das sich mit Nirvāṇa einstellt, ist ein sehr großes Glück. Wenn wir Nirvāṇa genießen wollen, müssen wir all die Dinge aufgeben, die uns in unserem täglichen Leben feststecken lassen, und dann ist ganz automatisch Nirvāṇa da. So wie wir uns aus unseren warmen Decken schälen, unsere Trägheit überwinden, die Tür öffnen und nach draußen treten. Sofort sind die kühle, frische Brise, der Mond und die Sterne für uns da. Wünsch dir nichts Geringeres als dies. Wenn du dir etwas wünschst, dann sollte es das Schönste sein, das Größte – und das ist Nirvāṇa.

Der erste Vers des Sūtra ist bereits sehr schön. Freiheit ist das höchste und schönste Objekt, dem wir folgen sollten. Nirvāṇa ist nichts anderes als Freiheit.

Wenn* śramaṇas *das weltliche Leben verlassen und die Richtlinien einhalten, fügen sie niemandem Schaden zu.

Wenn man das eigene Zuhause verlassen hat und ein Mönch oder eine Nonne geworden ist, legt man das Gelübde ab, die Richtlinien anzunehmen und zu halten. Sie zu praktizieren ist die Grundlage für ein Leben, in dem man keinen Schaden zufügen, niemanden verletzen will.

In der letzten Zeile steht das Wort 息心 *(xi xin)*, das im klassischen Chinesisch verwendet wird, um das Sanskrit-Wort *śramaṇa* zu übersetzen. 息 *(xi)* bedeutet »zur Ruhe kommen«, »innehalten«. Es ist ein Synonym des Wortes *śamatha*, was so viel wie »friedvolles Verweilen« oder »Innehalten« bedeutet. 心 *(xin)* ist »Geist«. Unser Geist läuft vielleicht dem hinterher, was wir begehren oder hassen. Möglicherweise ängstigt oder fürchtet sich unser

Geist. 息心 bedeutet, dass wir ihn in solchen Momenten beruhigen können.

Meditation besteht aus *śamatha* (Innehalten und Beruhigen) und *vipaśyanā* (tiefes Schauen). Als Meditierende müssen wir als Erstes innehalten und zur Ruhe kommen, dann sehen wir nach und nach die Dinge klar und erkennen die Wahrheit. Im Sūtra *Über das volle Gewahrsein des Atems (ānāpānasati)* hat der Buddha viele Wege gelehrt, die uns helfen, innezuhalten und den Geist zu beruhigen. Das bewahrt uns vor äußerem Schaden. Die letzte Zeile enthält die Worte 無所害 *(wu suo hai)*, was bedeutet, anderen kein Leid zuzufügen oder ihnen zu schaden – *ahiṃsā* in Sanskrit, was mit »Nichtverletzen« oder »Gewaltlosigkeit« übersetzt werden kann.

Im sechsten Jahrhundert vor unserer Zeitrechnung haben sich im Tal des Ganges zwei spirituelle Traditionen entwickelt, die beide dem Prinzip des Nichtverletzens gefolgt sind. Die erste war der Jainismus. Die Jains waren auch als *Nirgranthas* – »ohne Besitz« – bekannt. *Jain* leitet sich von der Sanskrit-Wurzel *jin* ab, was »siegreich« bedeutet. Diese Schule wurde von Mahāvīra angeführt, auch Jina, »der Siegreiche«, genannt. Die zweite Tradition war die buddhistische, gegründet von Siddhārtha Gautama. Der Jainismus wird noch heute praktiziert, vor allem in Indien. Dank der buddhistischen Lehre vom Nichtverletzen haben im Laufe der Geschichte viele buddhistische Nationen vermocht, Gewalt zu vermindern, wie zum Beispiel einige Königreiche des alten Indien und in folgenden Zeiten Vietnam, China, Tibet und Korea.

VERS 2

Gute Gesundheit ist der größte Gewinn,
Zufriedenheit der größte Reichtum,
Loyalität deine beste Freundin,
Nirvāṇa die größte Freude.

無 病 最 利
知 足 最 富
厚 為 最 友
泥 洹 最 快

Gute Gesundheit ist der größte Gewinn,

Diese Zeile soll das Denken von Geschäftsleuten heilen, die immer um Gewinn und Profit besorgt sind. Der Buddha hat sich mit diesen Worten aber nicht nur an Geschäftsleute gewandt, sondern an alle, die gerne immer ein bisschen mehr Geld hätten. Es ist sehr einfach – Gesundheit ist der größte Gewinn. Tue nichts, was deine Gesundheit gefährden könnte, und suche nach Wegen, sie zu erhalten.

Zufriedenheit der größte Reichtum,

Wer ist der reichste Mensch? Es ist nicht die Person mit vielen Aktien und Geschäftsanteilen. Wenn deren Wert an der Börse sinkt, wird dieser Mensch verarmen. Besonders in Zeiten wirtschaftlicher Krisen kann man heute reich sein, und morgen ist man es nicht mehr. In den Augen erwachter Menschen besteht der größte Reichtum darin, mit wenig zufrieden zu sein. Zufrieden sein mit dem, was man hat *(saṃtuṣṭa)*, ist auch ein Element von Nirvāṇa. Wir wissen, dass wir genug Bedingungen für unser Glück haben, wenn uns das, was wir haben, reicht und wir nichts weiter brauchen. Automatisch sind wir dann der reichste Mensch auf Erden. Ein Mönch oder eine Nonne überlegt: »Ich habe drei Gewänder und eine Schale. Ich habe eine Hängematte und der Fuß eines Baumes steht mir zur Verfügung. Ich bin so reich!« Das Sūtra lehrt uns etwas sehr Bodenständiges; es lehrt uns nicht, an ein zukünftiges Paradies zu glauben.

Loyalität deine beste Freundin,

Im klassischen Chinesisch bedeutet das Zeichen für Loyalität, 厚 *(hou)*, »stark«, »reichlich«. Ein Mensch, der diese Eigenschaft besitzt, hat eine tiefe und unerschütterliche Liebe und Loyalität. Ein loyaler Mensch ist verlässlich. Der beste Freund ist nicht jemand, der mächtig ist, sondern jemand, an den wir uns in schwierigen Zeiten wenden können. Wenn uns Unglück widerfährt, wird eine mächtige Person nicht wagen, ihre Stimme zu erheben, um uns zu unterstützen, denn sie hat Angst, ihre Macht zu verlieren. Nicht, weil sie mächtig oder reich ist, machen wir jemand zu unserer engsten Freundin, sondern weil sie loyal ist. Dies ist eine sehr praktische Lehre.

Nirvāṇa die größte Freude.

Das klassische chinesische Zeichen 快 *(kuai)* kann übersetzt werden mit »Freude« oder »Glück«. Diese Zeile ist Ausdruck direkter Erfahrung. Der Buddha, der gesagt hat: »Nirvāṇa ist die größte Freude«, hat Nirvāṇa genossen, er hat sich daran erfreut. So wie die vorangegangenen Zeilen sich auf tatsächliche Erfahrungen beziehen, so ist das auch in dieser Zeile der Fall.

VERS 3

Hunger ist die am schwersten zu ertragende Not.
Das größte Leiden verursachen die Gebilde.
Vertiefe dich weiter in die Wahrheit, um zu verstehen,
dass Nirvāṇa das größte Glück ist.

飢 為 大 病
行 為 最 苦
已 諦 知 此
泥 洹 最 樂

Hunger ist die am schwersten zu ertragende Not.

Diese Zeile bezieht sich nicht auf den Hunger, den man verspürt, wenn man den ganzen Tag nichts gegessen hat oder wenn man zehn oder fünfzehn Tage fastet, um zu entgiften. Wirklich hungrig zu sein bedeutet, monatelang wenig oder gar nichts zu essen. Nur dann spüren wir das Leiden des Hungers sehr tief.

Das größte Leiden verursachen die Gebilde.

Im Sanskrit ist das Wort für Formation oder Gebilde *saṃskāra*. Saṃskāra sind Phänomene, die bedingt oder zusammengesetzt sind, wie Berge, Flüsse, Pflanzen, Mineralien, Menschen und Tiere. Alle Phänomene, die von anderen Phänomenen abhängen, um sich zu manifestieren, werden Gebilde genannt. Alle Gebilde sind unbeständig und ohne ein eigenständiges Selbst. Bedingte Phänomene sind das Gegenteil von Nirvāṇa. Nirvāṇa ist nichtbedingt. Bedingte Phänomene werden geboren und sterben, kommen und gehen, verweilen und verschwinden, und sie bringen viel Leid mit sich. Sind wir jedoch mit bedingten Phänomenen auf tiefgreifende Weise in Berührung, berühren wir auch Nirvāṇa – das Nichtbedingte *(asaṃskṛta)*. Wenn wir uns in Berührung mit Nirvāṇa befinden, gibt es für uns keine Höhen und Tiefen, kein Geborenwerden und Sterben.

Eine Welle ist ein bedingtes Phänomen; sie steigt an und ebbt ab, sie entsteht und vergeht. Wenn die Welle entdeckt, dass ihre Natur Wasser ist, weiß sie, dass sie ein nichtbedingtes Phänomen ist, und hat keine Angst mehr. Sie erfreut sich am steten Auf und Ab. Bedingte Phänomene sind in Wahrheit nicht die Ursache des Leidens. Die Hauptursache des Leidens sind die falschen Auffassungen und Wahrnehmungen, die wir von ihnen haben. Bedingte Phänomene sind unbeständig und ohne eigenes Selbst, aber wir meinen, sie wären dauerhaft und hätten ein eigenständiges Selbst, und darunter leiden wir. Wenn wir tief in die Phänomene hineinschauen und ihre wahre nichtbedingte Nirvāṇa-Natur sehen, werden sie uns kein Leid mehr bereiten. Mit Nirvāṇa kommen wir in Berührung, indem wir mit den bedingten Phänomenen auf tiefe Weise in Berührung gelangen, so wie wir auch mit Wasser in Berührung kommen, indem wir mit der Welle in Berührung gelangen.

Vertiefe dich weiter in die Wahrheit, um zu verstehen, dass Nirvāṇa das größte Glück ist.

Anmerkung der englischen Übersetzerin: Wie wir im Kommentar zum nächsten Vers sehen werden, bezieht sich das Wort »Wahrheit« hier auf die Vier Edlen Wahrheiten. Wenn wir durch die Praxis der Meditation und Achtsamkeit in der Lage sind, die Weisheit der Vier Edlen Wahrheiten zu verstehen, werden wir selbst erkennen, dass Nirvāṇa das größte Glück ist.

Beim Lesen des Nirvāṇa-Kapitels habe ich das Gefühl, ein Gedicht zu lesen. Nachdem die Übersetzung aus dem Chinesischen fertig war, habe ich eine große Dankbarkeit gegenüber unseren Vorfahren empfunden, die sämtliche Sūtras gelesen und daraus all das zusammengestellt haben, was der Buddha an verschiedenen Orten und zu verschiedenen Anlässen über Nirvāṇa gesagt hat, und die seine Lehren in einem einzigen Kapitel zusammengefasst haben.

VERS 4

Nur wenige Menschen auf der Welt sind auf dem heilsamen Pfad.
Auf dem unheilsamen dagegen sind viele.
Vertiefe dich in die Wahrheit, um zu verstehen,
dass Nirvāṇa der sicherste Verweilort ist.

少 往 善 道
趣 惡 道 多
如 諦 知 此
泥 洹 最 安

Nur wenige Menschen auf der Welt sind auf dem heilsamen Pfad.
Auf dem unheilsamen dagegen sind viele.

In diesem Vers geht es um die Vier Edlen Wahrheiten. In der ersten und der zweiten Zeile steht das chinesische Zeichen 道 *(dao)*, das »Weg« oder »Pfad« bedeutet, in Sanskrit *mārga*. Den Lehren der Vier Edlen Wahrheiten zufolge ist die Vierte Edle Wahrheit der Pfad der acht rechten Praktiken, der hier als der heilsame Pfad bezeichnet wird.

Die Erste Edle Wahrheit ist *duḥkha*, das Unwohlsein, Leiden. Die Zweite Edle Wahrheit ist *samudāya*, das Entstehen des Unwohlseins; es ist der unheilsame Pfad im Gegensatz zum heilsamen. Die Zweite Edle Wahrheit ist also auch ein Pfad, nur ist es ein Pfad der acht falschen Praktiken. Die Dritte Edle Wahrheit ist *nirodha*, die Beendigung des Unwohlseins. Die Vierte Edle Wahrheit ist *mārga*, der Weg, der zur Beendigung allen Unwohlseins führt, mit anderen Worten der Edle Achtfache Pfad.

Samudāya, die zweite Wahrheit, bezieht sich auf die Wurzel des Unwohlseins, die Ursache des Unwohlseins, den Pfad, der zu Unwohlsein führt. Nur wenige Menschen gehen den Edlen Achtfachen Pfad, aber viele den unedlen achtfachen Pfad.

Vertiefe dich in die Wahrheit, um zu verstehen, dass Nirvāṇa der sicherste Verweilort ist.

Das chinesische Zeichen 諦 *(di)* in der dritten Zeile ist eine Übersetzung des Sanskrit-Wortes *satya*, »Wahrheit«. Wahrheit bezieht sich hier auf die Vier Edlen Wahrheiten. Wenn wir tief in die Vier Edlen Wahrheiten hineinschauen, werden wir den Edlen Achtfachen Pfad und den unedlen achtfachen Pfad erkennen. Der Edle Achtfache Pfad führt zur Auslöschung des Leidens, zu Nirvāṇa, zum Glück. Der unedle Pfad führt zu Leiden und dem Kreislauf von Geburt und Tod. Die dritte Zeile bedeutet, dass wir die Wahrheit im Licht der Vier Edlen Wahrheiten verstehen. Wenn wir die Wahrheit vom Standpunkt der Vier Edlen Wahrheiten aus betrachten, sehen wir deutlich, dass dem Edlen Achtfachen Pfad nur wenige folgen, dem unedlen Pfad dagegen viele, und dass Nirvāṇa die größte Sicherheit darstellt. Der Geist ist sicher und geschützt, wenn es nichts gibt, wovor man sich fürchten oder sorgen müsste. Suchen wir wirkliche Sicherheit, dann müssen wir Nirvāṇa finden.

Die letzte Zeile des vierten Verses kann man besser im Lichte der letzten Zeilen der Verse zwei und drei verstehen, in denen wir erfahren haben, dass Nirvāṇa die größte Freude und das größte Glück ist.

VERS 5

Geburt in den himmlischen Bereichen ist durch heilsame Ursachen bedingt.
Unheilsame Geschicke verdanken sich unheilsamen Ursachen.
Nirvāṇa gründet in Ursachen,
es benötigt ebenfalls Bedingungen.

從因生善
從因墮惡
由因泥洹
所緣亦然

Geburt in den himmlischen Bereichen ist durch heilsame Ursachen bedingt.

Dank der Übung des Heilsamen werden wir an Orten geboren, die heilsam sind. Wir werden nicht zufällig in einem heilsamen Bereich geboren. Wir gelangen jetzt dorthin aufgrund von in der Vergangenheit geschaffenen Ursachen und Bedingungen. Genau hier auf der Erde gibt es heilsame Bereiche, und wenn wir dort geboren werden, dann aufgrund heilsamer Handlungen in der Vergangenheit.[17] Plum Village, zum Beispiel, ist eine heilsame Umgebung. In Plum Village sind wir, weil wir in der Vergangenheit etwas Gutes getan haben. Der Himmel befindet sich nicht zwangsläufig über den Wolken. Wo immer es genug wahres Glück gibt, dort ist der Himmel.

Unheilsame Geschicke verdanken sich unheilsamen Ursachen.

Wenn wir uns an einem heilsamen Ort befinden und nicht praktizieren, werden wir uns später in einer unheilsamen Umgebung wiederfinden. In einen niederen Bereich der Knechtschaft und Anhaftung zu gelangen ist eine Folge von Ursachen und Bedingungen. Vielleicht sind wir in einer himmlischen Umgebung, aber wir erkennen unser Glück nicht, ebenso wenig wie all die Ursachen und Be-

---

17 »Geboren« bedeutet hier nicht die Wiedergeburt nach dem Tod. Es bedeutet, dass wir in jedem Moment entstehen. In dem *Sūtra in zweiundvierzig Kapiteln* sagt der Buddha, dass wir mit jedem neuen Atemzug geboren werden. (Anm. d. engl. Übers.)

dingungen, die wir für unser Glück haben. Wir halten unser Umfeld für selbstverständlich. Wir praktizieren die Achtsamkeitsübungen nicht. Wir bewegen uns außerhalb des Klosters ohne unseren »zweiten Körper«.[18] Aus diesen Gründen geraten wir in eine unheilsame Umgebung. Die ersten beiden Zeilen weisen darauf hin, dass nichts zufällig geschieht.

Nirvāṇa gründet in Ursachen,
es benötigt ebenfalls Bedingungen.

Nirvāṇa ist nichts, das wir zufällig erfahren. Gemäß der Lehre vom bedingten Entstehen muss es gute Gründe dafür geben, um in heilsamen Bereichen geboren zu werden oder unheilsamen Bereichen anheimzufallen; ebenso gibt es Ursachen und Bedingungen, die das Erreichen von Nirvāṇa ermöglichen. Beim Lesen der letzten beiden Zeilen dieses Verses sollten wir vor allem verstehen, dass Nirvāṇa nichts Erschaffenes ist. Es ist ein nichtbedingtes Phänomen *(asaṃskṛta)*; es ist weder ein Gebilde *(saṃskāra)* noch ein bedingtes Phänomen *(saṃskṛtadharma)*.

Nirvāṇa wird nicht durch eine Reihe von Bedingungen erschaffen, die zusammenkommen müssen. Nirvāṇa ist bereits da; daher bedeutet das Wort »Bedingungen« hier, dass Nirvāṇa als Ergebnis der Praxis erfahren werden kann. Nirvāṇa existiert nicht aufgrund der Praxis. Es ist

18 Dies bezieht sich auf die klösterliche Praxis des »zweiten Körpers«. Unser zweiter Körper ist ein Mitpraktizierender, der uns begleitet, wenn wir das Kloster verlassen, damit wir unsere Achtsamkeitspraxis nicht vergessen. Wenn wir unsere Praxis vergessen, kann uns Unheil widerfahren. (Anm. d. engl. Übers.)

bereits vorhanden, und wenn wir üben, können wir von seiner Verfügbarkeit profitieren. Das chinesische Zeichen 因 *(yin)*, »Ursache«, bezieht sich hier nicht auf Bedingungen, die zusammenkommen müssen, damit Nirvāṇa sich manifestiert, wie das zum Beispiel bei der Manifestation einer Blume, beim Sonnenschein oder bei Wolken der Fall sein muss. »Ursache« bedeutet hier, dass uns Nirvāṇa aufgrund unserer Praxis zugutekommt.

Gegen vier oder fünf Uhr morgens kann es in Upper Hamlet sehr schön sein.[19] Der Himmel ist sehr klar, die Nachtluft erfrischend und rein. Vielleicht wollen wir uns in unser Bett kuscheln und nicht aufstehen, wenn die Glocke erklingt. Der heilige, mystische, wundervolle frühe Morgen repräsentiert Nirvāṇa. Können wir uns von unserem warmen Bett nicht trennen, werden wir Nirvāṇa nicht erfahren. Wenn die Glocke uns einlädt und unser Bruder uns ruft, legen wir die Decke beiseite, stehen auf und waschen uns das Gesicht. Das ist die Ursache, also unsere Praxis des frühen Aufstehens. Diese Ursache ist nicht das, was Nirvāṇa schafft. Nirvāṇa ist bereits da unter dem weiten Himmel. Wir müssen nur unsere Jacke anziehen, die Tür öffnen und nach draußen gehen, um mit den wunderbaren Momenten vor der Morgendämmerung in Upper Hamlet in Berührung zu kommen. Durch unser Tun schaffen wir kein Nirvāṇa, ermöglichen uns aber, Nirvāṇa, das bereits da ist, zu genießen.

Nirvāṇa ist ein nichtbedingtes Dharma. Allerdings ist das nichtbedingte Dharma, das wir Nirvāṇa nennen, nicht getrennt von den bedingten Dharmas. Um genau zu sein:

---

19 In Upper Hamlet leben in Plum Village die Mönche.

Nirvāṇa gehört nicht zu den Hundert Dharmas, die in der Dharmalakṣaṇa-Schule des Buddhismus gelehrt werden. Nirvāṇa ist der Seinsgrund, der Ort der Zuflucht für alle bedingten Dharmas. Wenn wir die bedingten Dharmas beseitigen, gibt es kein Nirvāṇa und umgekehrt. Genauso wie Wasser nicht außerhalb der Welle existieren kann und umgekehrt.

In einigen buddhistischen Schulen wird behauptet, es gebe mehrere nichtbedingte Dharmas, und es gibt Schulen, die vertreten, es gebe nur ein nichtbedingtes Dharma, und das sei Nirvāṇa. In Plum Village sagen wir: »Alle Dharmas sind bedingt. Es gibt nur ein nichtbedingtes Dharma, und das ist Nirvāṇa.«

Der Satz »Nirvāṇa gründet (auch) in Ursachen« könnte so missverstanden werden, als existierte Nirvāṇa aufgrund einer Ursache; aber weder existiert Nirvāṇa, noch existiert es nicht. Es ist jenseits der Konzepte von Sein und Nichtsein. Mit anderen Worten, Nirvāṇa ist nichtbedingt. Nirvāṇa ist aber im Hier und Jetzt verfügbar. Der wunderbare frühe Morgen in Upper Hamlet ist da. Wir müssen nur rausgehen und ihn genießen. Wenn wir das nicht tun, wie könnten wir uns dann an diesem wunderbaren Morgen erfreuen? Er ist bereits vorhanden. Es kommt darauf an, ob wir ihn genießen wollen oder nicht und ob wir die Fähigkeit dazu haben oder nicht. Das Glück ist wirklich da, es ist verfügbar. Wichtig ist die Frage, ob wir die Fähigkeit haben, es zu genießen, oder nicht. Diese Fähigkeit ist die Ursache. Die Ursache ist unsere Fähigkeit, uns aus unserer warmen Decke zu schälen, um den wunderbaren frühen Morgen zu genießen. Nirvāṇa ist jetzt oder nie verfügbar. Dasselbe sagen wir, wenn wir mit unseren christlichen Freundinnen und Freunden über das

Reich Gottes sprechen: Das Reich Gottes ist jetzt oder nie verfügbar.

VERS 6

Nun kommen wir zum sechsten Vers, einem der schönsten im Sūtra.

Das Wild sucht Zuflucht in der freien Natur,
Vögel suchen sie im Himmel.
Die Manifestation der Phänomene beruht auf einer Unterscheidung.
Der wahre Mensch braucht Nirvāṇa, um in Freiheit zu leben.

麋鹿依野
鳥依虛空
法歸分別
真人歸滅

Das Wild sucht Zuflucht in der freien Natur,
Vögel suchen sie im Himmel.

Das Sūtra ist wie ein schönes Gedicht. Das Wild kann ohne eine natürliche Umgebung nicht glücklich sein. Sperren wir es in einen Zoo oder hat es nur wenig Auslauf, wie könnte es dann glücklich sein? Nur in freier Wildbahn ist das Wild glücklich, wenn es sich frei bewegen kann. Im *Samyutta Nikāya* gibt es ein sehr kurzes Sūtra mit einem Hirsch als Beispiel.

Einmal verbrachten viele Mönche das Regenzeit-Retreat in einem Wald im ländlichen Gebiet von Kosala.

Nachdem die drei Monate des Retreats vorüber waren, verließen die Mönche den Wald, um wieder auf Wanderschaft zu gehen.[20] Ein Deva, der im Wald lebte, sah, dass die Mönche den Wald verlassen hatten, und beklagte sich mit dem folgenden Gedicht:

In meinem Herzen ist heute ein Gefühl der Leere,
das mich so traurig macht.
Gestern saßen dort Mönche,
heute sitzt da niemand mehr.
Diese Mönche haben so gute Vorträge gehalten.
Wo sind nur die Schüler des
Weltgeehrten hingegangen?

Der Gott setzte sich hin und weinte. Ein anderer Deva hörte das Gedicht und antwortete mit einem eigenen Gedicht:

Ja, wohin sind sie gegangen?
Sie sind nach Magadha gegangen,
sie sind nach Kosala gegangen,
und einige sind nach Vajja gegangen.
So wie Hirsche den Fallen ausweichen und
springen und laufen, wohin sie wollen,
so frei und leicht ist auch das Leben eines Mönchs
oder einer Nonne.[21]

---

20 Zur Zeit des Buddha blieben die Mönche und Nonnen nur während der dreimonatigen Regenzeit-Klausur an einem Ort. In der übrigen Zeit des Jahres waren sie wandernde Bettelmönche und -nonnen. (Anm. d. engl. Übers.)

21 *Samyutta Nikāya* 9.4.

Das Wild möchte nicht eingesperrt werden. Es will frei umherstreifen, deshalb brauchen die Tiere die Natur. Die Vögel suchen Zuflucht im Himmel. Wie könnten Vögel ohne den Himmel glücklich sein? Beobachten wir einen Vogel, der hoch oben am Himmel fliegt, spüren wir, dass der Vogel glücklich ist. Wildtiere und Vögel haben jeweils ihre eigene Art von Glück.

Die Manifestation der Phänomene beruht auf einer Unterscheidung.

Die dritte Zeile dieses Verses stellt ein Problem dar. In der Version, die wir verwendet haben, heißt es, dass die Manifestation der Phänomene auf karmischen Folgen beruht.[22] Aber in einer älteren Version des *Taishō*[23], die auf dem koreanischen Kanon beruht, wird das Wort »Unterscheidung« anstelle von »karmische Folgen« verwendet.

Die erste Version lautet: »Die Manifestation von Phänomenen beruht auf karmischen Folgen.« Die zweite Version lautet: »Die Manifestation von Phänomenen beruht auf einer Unterscheidung.« Im Nirvāṇa-Kapitel des *Sūtra der Verse über das essenzielle Dharma* findet sich die Zeile: »Die Bedeutung beruht auf dem unterscheidenden Geist.«[24] Vielleicht hat der Kopist des *Dharmapada* »karmische Folgen« geschrieben, weil er die Bedeutung von »Unterscheidung« in diesem Zusammenhang nicht ver-

---

22 *Taishō* 210.

23 Überarbeitete Version des chinesischen buddhistischen Kanons, die in Japan erstellt wurde.

24 法集要頌經, *Taishō Tripitaka*, Band T04, Nr. 213.

standen hat. Das erinnert mich an die Zeit, als eine neue Ausgabe der *Geschichte der Kiều*[25] vorbereitet wurde. Die Herausgeber haben an einer Stelle nicht verstanden, was der Dichter ausdrücken wollte, und änderten den Originaltext fälschlicherweise ab. Als Kiều in der Einsiedelei von Quan Âm verweilt, gibt es eine Strophe, die lauten sollte:

Am frühen und späten Morgen,
(las sie) Palmblatt(-Schriften).
Beim Licht der Lampe und des Mondes,
(lud sie) die Wolkenglocke (ein).

Es ist ganz klar, dass der Dichter »Wolkenglocke« geschrieben hat, aber der Herausgeber wusste nicht, was mit diesem Begriff gemeint war, der sich auf ein Stück Metall in Form einer Wolke bezieht, also änderte er das Wort in »Fahne« um. Als Mönch oder Nonne liest man am frühen und späten Morgen die Sūtras, und nachts lädt man die Glocke ein. In Tempeln gibt es ein wolkenförmiges Bronzestück, das als Glocke verwendet wird.

Der Satz »Phänomene beruhen auf karmischen Folgen« ist einfach zu verstehen. Er bedeutet, dass Phänomene ein Ergebnis karmischer Folgen sind. Heilsame Handlungen führen zu heilsamen karmischen Folgen. Unheilsame Handlungen führen zu unheilsamen karmischen Folgen. Was der Kopist geschrieben hat, gibt die Lehren nicht falsch wieder. Alles hat seine Ursache, sein Ergebnis, sein

---

25 Mit der »Geschichte der Kiều« beschäftigt sich Thich Nhat Hanh näher in *Das Wunder im Jetzt*, O.W. Barth Verlag, München 2017. (Anm. d. Übers.)

Karma und seine karmischen Folgen. Dennoch ergibt dieser Satz im aktuellen Kontext keinen Sinn. Deshalb haben wir den Vers gewählt, der in einer anderen Version des Sūtra zu finden ist: »Die Manifestation der Phänomene beruht auf einer Unterscheidung«, das heißt auf dem unterscheidenden Geist. Mit »unterscheidend« ist das Sanskrit-Wort *vikalpa* wiedergegeben. Manchmal wird Vikalpa auch als »geistiges Konstrukt« übersetzt.

In *Dreißig Verse von Vasubandhu* gibt es eine Zeile, die wie folgt übersetzt werden sollte:

> *Wenn sich Bewusstsein entwickelt, wird es Unterscheidung und das Objekt der Unterscheidung.*
> (Sanskrit: *vijñānapariṇāma 'yaṁ vikalpo yadvikalpyate.*)[26]

Als Meister Xuanzang diese Zeile ins Chinesische übertrug, setzte er das Wort »Entwicklung« in die eine Zeile und das Wort »Unterscheidung« in die nächste Zeile:

> *Es gibt die Entwicklung des Bewusstseins.*
> *Es gibt Unterscheidung und das Objekt der Unterscheidung.*

Diese Übersetzung könnte zu einem Missverständnis führen. Was Vasubandhu meinte, war, dass Bewusstsein sich als eine Unterscheidung entwickelt.

---

26 »Die Entwicklung des Bewusstseins ist der/die Unterscheidende und das unterschiedene Objekt. Diese beiden sind nicht wirklich existent. Sie sind nur Manifestationen.« 是諸識轉變, 分別所分別. 由此彼皆無，故一切唯識. Vers siebzehn der *Dreißig Verse von Vasubandhu* in der Übersetzung von Xuanzang.

Es gibt zwei Aspekte der Unterscheidung: die Unterscheidung selbst und das unterschiedene Objekt, mit anderen Worten: Subjekt und Objekt. Normalerweise sehen wir Subjekt und Objekt als voneinander getrennt an.

In einem Dharma-Vortrag, den ich kürzlich am Europäischen Institut für Angewandten Buddhismus in Waldbröl hielt, habe ich eine Zwei-Euro-Münze benutzt, um die Entwicklung des Bewusstseins als Unterscheidung zwischen Subjekt und Objekt zu demonstrieren. Die Münze hat eine Vorderseite und eine Rückseite, aber beide Seiten der Münze sind aus dem Material, das die Substanz der Münze ist. Das Bewusstsein ist wie das Metall, das, wenn es zur Münze geformt wird, zwei Gesichter hat: Subjekt und Objekt. Das ist Unterscheidung.

Dieser Satz des Sūtra ist sehr tiefgründig und schwer zu verstehen. Wir kennen nicht die wahre Natur der Phänomene; alles, was wir mit unserem Geist erkennen können, ist ein Objekt, das vom Subjekt unterschieden wurde. Bäume, das Licht der Sonne, der Tisch – all das sind Manifestationen des Bewusstseins. Das Bewusstsein begreift sie auf eine bestimmte Weise, aber wie können wir sicher sein, dass sie tatsächlich so sind? Sie sind das Objekt einer geistigen Konstruktion, einer Unterscheidung. Wir sehen eine andere Person an und denken, wir könnten erfassen, wer sie ist. Tatsächlich können wir aber nur unsere Wahrnehmung der anderen Person erfassen. Das Bild, das wir von der anderen Person haben, entspricht nur unserer Wahrnehmung. Wir glauben, wir wüssten, was die Sonne ist, aber in Wirklichkeit ist die Sonne, die wir wahrnehmen, nur ein Konstrukt unseres Geistes.

Auch in der Quantenphysik wird versucht, einen Weg zu finden, die wahre Natur eines Teilchens oder eines

Quants zu erkennen. Ist es möglich, die wahre Natur (*svabhāva*) eines Elektrons zu erkennen? Der Buddhismus sagt, dass dies nicht möglich sei. Mit unserem unterscheidenden Gehirn sehen wir mehr unseren Geist als die Realität des Objekts unserer Beobachtung. Die Objekte, die wir beobachten, manifestieren sich, abhängig von unserem Bewusstsein, als Dies oder Das. Ein Teilchen manifestiert sich manchmal als Welle und manchmal als Teilchen. Abhängig von unserem Geist und unserer Fragestellung erscheint dasselbe Ding einmal als Teilchen und einmal als Welle. Das ist damit gemeint, dass sich Phänomene in Abhängigkeit vom unterscheidenden Bewusstsein manifestieren. Die Lehre, dass Phänomene sich in Abhängigkeit vom Geist manifestieren, ist tiefgründig. Die Wissenschaft kann viel von dieser Lehre profitieren.

Der grundlegende Irrtum ist die Vorstellung, dass die Außenwelt das eine sei und das Bewusstsein etwas anderes und dass beide unabhängig voneinander existieren könnten. Der Satz: »Phänomene beruhen auf einer Unterscheidung«, ist sehr tiefgründig. Der Bereich aller Phänomene ist der Geist. Die Heimat des Wildes ist die freie Natur, die Heimat der Vögel ist der Himmel, die Heimat aller Phänomene ist der Geist; der Geist enthält alles, was ist.

Der wahre Mensch braucht Nirvāṇa, um in Freiheit zu leben.

Und wo ist die Heimat der Praktizierenden? Das Zuhause des wahren Menschen ist Nirvāṇa. Ein wahrer Mensch ist jemand, der authentisch lebt, der die Wahrheit lebt. »Wahrer Mensch« ist ein daoistischer und konfuzianischer Begriff. Die Übersetzer, der Laie Zhi Qian und der Mönch Tang Hoi, bewiesen in ihren Übersetzungen der buddhistischen Sūtras (die frühesten aus dem Sanskrit ins Chinesische) Mut. Sie verwendeten zur Übertragung buddhistischer Sanskrit-Begriffe ihrerseits Begriffe, die sie aus den daoistischen und konfuzianischen Lehren entlehnten. Auch Zen-Meister Linji benutzte den Ausdruck »wahre Person« oder »wahrer Mensch« in seinen Lehren über »den wahren Menschen ohne Rang« (無位真人, *wuwei zhenren*). Wahre Praktizierende sind Menschen, die ehrlich zu sich selbst sein wollen, ohne sich zu verstellen, ohne eine Maske zu tragen. Der wahre Mensch ist eine heilige Person. Sein Zuhause ist Nirvāṇa. Der Ort, an dem sich das Wild gerne aufhält, ist die freie Natur; für Vögel ist es der Himmel, und Praktizierende verweilen gerne in Nirvāṇa. Nirvāṇa ist bereits da. Wir sind in Nirvāṇa. Das einzige Problem ist, dass wir nicht in der Lage sind, dorthin zurückzukehren.

Im Plum Village benutzen wir das einfache Beispiel der Welle und des Wassers. In unserem Leben als Welle kämpfen wir und wir haben Angst vor diesem steten Auf und Ab, wir werden geboren und müssen sterben, existieren und existieren nicht. Wir sehen ganz klar, wie schwierig es ist, das Leben einer Welle zu leben. Aber wenn die Welle entdeckt, dass sie Wasser ist, dann beginnt sie das Leben als Wasser zu praktizieren. Eine Welle ist und ist nicht, ist oben und unten, hoch und niedrig, aber Wasser ist völlig frei. Die Frage ist: Vermag die Welle ihre wahre Natur als Wasser zu leben oder muss sie nur als Welle leben? Eine Welle kann praktizieren, ihr Leben als Wasser zu leben. Sie braucht nicht nach Wasser Ausschau zu halten, denn sie ist bereits Wasser. Dies ist eine leicht verständliche

Metapher für Nirvāṇa. Wenn eine Welle friedlich in ihrer Wassernatur verweilt, hat sie keine Angst und ist vollkommen sicher. Sie fühlt sich sicher in ihrem Auf und Ab. Die Vorstellungen von Fortdauern und Vergehen, Sein und Nichtsein machen ihr keine Angst mehr.

Wir sind Wellen, aber gleichzeitig sind wir auch Wasser. Die meisten von uns können nur das Leben einer Welle leben, nicht das Leben des Wassers. Auf den christlichen Ausdruck »Ruhen in Gott« übertragen, ist Gott das Wasser. Wenn die Welle weiß, wie sie im Wasser Zuflucht finden kann, fühlt sie sich sehr gut. Alle Angst vor Sein, Nichtsein, Fortbestehen und Untergehen ist verschwunden. Das Wort 滅 (*mie*; Sanskrit: *nirodha* oder *nirvāṇa*) in der letzten Zeile des Verses impliziert das Ende aller Angst und allen Kummers.

Sobald die Welle weiß, dass sie Wasser ist und wie sie das Leben als Wasser zu leben hat, fürchtet sie sich nicht mehr. Sie ist glücklich, wenn sie sich aufbaut, und glücklich, wenn sie verebbt, glücklich, wenn sie hoch ist, und glücklich, wenn sie niedrig ist, denn sie hat Sein und Nichtsein, Hoch und Niedrig transzendiert. Und so ist Nirvāṇa. Es ist das Gegenteil von bedingten Gebilden. Wir haben bei der Übersetzung der letzten Zeile des Verses die Worte »in Freiheit leben« hinzugefügt: »Der wahre Mensch braucht Nirvāṇa, um in Freiheit zu leben.« Ich habe mir das erlaubt, weil ich das Gefühl habe, dass der Gedanke der Freiheit im ganzen Vers mitschwingt: In der Natur ist das Wild frei, genauso wie die Vögel frei sind, wenn sie hoch am Himmel fliegen. Und wahre Menschen sind frei, wenn sie in Nirvāṇa verweilen.

Wir müssen uns nicht auf die Suche nach Nirvāṇa machen, denn wir sind bereits in Nirvāṇa. Die Welle braucht nicht nach Wasser zu suchen, denn die Welle ist bereits Wasser. Wir können wählen, ob wir Wasser sein wollen oder nicht. Als Wasser können wir eine Welle bleiben; wir brauchen die Welle nicht zu zerstören. Wir können weiterhin in der Welt bedingter Phänomene leben. Aber weil wir auf eine tiefgreifende Weise leben, berühren wir das Nichtbedingte, und das mindert unser Leiden unter den bedingten Phänomenen.

Kehren wir noch einmal zur zweiten Zeile des dritten Verses zurück: »Das größte Leiden verursachen die Gebilde.« »Gebilde« oder »Formationen« heißt auf Sanskrit *saṃskṛtadharma*. Ich war geneigt, bei der Übersetzung aus dem Chinesischen das Wort »geistig« zu ergänzen. Das Feld der Gebilde ist sehr groß. Es umfasst physiologische, mentale und physische Gebilde wie Berge, Flüsse und Pflanzen. Geistige Gebilde machen nur ein Drittel aller Gebilde aus. Fügt man das Wort »geistig« hinzu, würde das die Gefahr mindern anzunehmen, Gebilde wären vom Geist getrennt und verursachten von Natur aus Leiden.

Im Buddhismus denken viele Menschen, dass Gebilde etwas vom Geist Getrenntes und Leid Hervorbringendes seien. In Wahrheit leiden wir, weil wir glauben, Gebilde seien dauerhaft, obwohl sie in Wirklichkeit vergänglich sind, und weil wir meinen, sie hätten ein eigenständiges Selbst, obwohl sie es nicht haben. Wir leiden unter uns und nicht unter den Gebilden. Zu sagen, die Gebilde seien das Leidvolle, würde ihnen großes Unrecht tun. Gebilde sind unbeständig und haben kein eigenständiges Selbst, aber wir können sie nicht dafür verantwortlich machen, Leiden zu verursachen. Wir leiden, weil wir meinen, sie sollten dauerhaft sein und ein eigenständiges Selbst haben.

Gebilde sind durch Unbeständigkeit und Nichtselbst charakterisiert, aber nicht durch das Merkmal des Leidens. Das gehört zu uns, weil wir eine falsche Vorstellung davon haben, was Gebilde sind. Zu sagen, Gebilde seien Leiden, ist falsch. Wenn wir übersetzen: »Gebilde bringen das größte Leiden hervor«, könnte das missverständlich aufgefasst werden.

Im *Ratnakūṭa Sūtra* gibt es eine Metapher, die uns hilft, die Natur der Gebilde zu verstehen: Ein Mann wirft einen Stein nach einem Hund; dieser trifft ihn und das ist für den Hund schmerzhaft. Der Hund rennt zu dem Stein und bellt ihn an. Er meint, der Stein wäre die Ursache seines Schmerzes, während es in Wirklichkeit der Mann ist, der den Stein geworfen hat. Anstatt den Mann anzubellen, der den Stein geworfen hat, bellt er den Stein an. Ähnlich ist es bei den Gebilden. Nicht sie sind es, die uns leiden lassen; wir leiden, weil wir eine falsche Vorstellung von ihnen haben. Die Wurzel unseres Leidens ist unser Geist, es sind nicht die Gebilde. Deshalb bin ich geneigt, »geistige Gebilde« zu übersetzen und nicht »Gebilde«. Zu den uns Leid bereitenden geistigen Gebilden gehören Gier, Wut und Unwissenheit (unser Mangel an Verstehen). Weil unsere Auffassungen und Wahrnehmungen fehlerhaft sind, können wir unter den Gebilden leiden. Wären wir eine erwachte Person mit tiefem Verstehen, könnten sie uns kein Leid bereiten.

Geistige Gebilde sind bedingte Phänomene, aber sie sind nur ein Teil der bedingten Phänomene; es gibt daneben auch physische und physiologische Gebilde. Doch obgleich wir sie geistige Gebilde nennen, können ihr Objekt auch physiologische oder physische Gebilde sein. Also umfassen geistige Gebilde alle anderen Gebilde, deshalb hätten wir bei der Übersetzung dieser Zeile auch die Worte »geistige Gebilde« verwenden können. Wir müssen in geschickter und nicht zu buchstabengetreuer Weise übersetzen. Bei der dritten Zeile des sechsten Verses, »Die Manifestation von Phänomenen beruht auf einer Unterscheidung«, sehen wir deutlich, dass das Wort »Unterscheidung« sich auf die Wahrnehmung bezieht, die eines der geistigen Gebilde ist.

Die sechste Strophe sollte vertont werden, um uns in unserer Praxis zu helfen.

VERS 7

Es gibt zwei Versionen des siebten Verses; eine ist im *Taishō* enthalten, die andere in der *Shōgozō*-Sammlung. Die Version im *Taishō* enthält einige Abschreibfehler[27]. Die folgende Version stammt aus der *Shōgozō*-Sammlung:

Einsicht in Kein-Beginn und Kein-Nichtbeginn,
Kein-Sein und Kein-Nichtsein,
das ist das Nichterlangbare,
das Unbegreifbare.

始 無 始 否
如 不 如 無
是 為 無 得
亦 無 有 思

27 In der ersten Zeile dieses Verses im *Taishō* wurde das Wort 始 *(shi)* fälschlicherweise als 如 *(ru)* geschrieben. In der zweiten Zeile wurde das Wort 如 *(ru)* fälschlicherweise als 始 *(shi)* geschrieben.

Einsicht in Kein-Beginn und Kein-Nichtbeginn, Kein-Sein und Kein-Nichtsein,

Dies ist ein Musikstück, das unsere spirituellen Vorfahren für uns gespielt haben. Die Melodie ist bereits in den Worten des Buddha enthalten, und die spirituellen Vorfahren spielen sie für uns, damit wir beim Hören die Bedeutung durchdringen und Nirvāṇa genießen können. Dieses *Gāthā*, dieser Vers, ist nicht leicht zu verstehen, und deshalb finden sich Abschreibfehler im *Taishō*. »Kein-Beginn und Kein-Nichtbeginn« kann auch als »Kein-Vorher und Kein-Nachher« übersetzt werden.

Es gibt die Theorie vom Big Bang, dem Urknall. Wenn Sie an diese Theorie glauben, sollten Sie diesen Vers lesen. Der Urknalltheorie zufolge könnte man meinen, es habe einen Anfang gegeben und vor dem Urknall sei nichts gewesen; Zeit und Raum seien erst nach dem Urknall entstanden. Nun fragen sich aber manche, ob es nicht doch vor dem Urknall etwas gegeben habe und, wenn ja, was das war. Die Konzepte von Beginn und Nichtbeginn widersprechen einander. Die Idee »Es gibt einen Anfang« könnte falsch sein, und der Gedanke »Es gibt keinen Anfang« könnte ebenfalls falsch sein, denn beides sind nur Vorstellungen.

In den monotheistischen Religionen Judentum, Christentum und Islam besteht die Vorstellung, Himmel und Erde seien erschaffen worden. Am Anfang war das Nichts, und Gott schuf Himmel und Erde. Es existiert die Vorstellung von einer Zeit, in der die Erschaffung der Welt stattgefunden habe. Aber gab es etwas vor dieser Zeit? Ist es möglich, dass aus Nichtsein plötzlich Sein wird und dass vor der Manifestation des Seins Nichtsein war? Das ist eine wichtige Frage.

Was Nirvāṇa betrifft, so können wir nicht in Begriffen von Sein und Nichtsein denken. Es ist falsch zu sagen: »Nirvāṇa ist«, und es ist auch falsch zu sagen: »Nirvāṇa ist nicht«, denn Nirvāṇa ist die Abwesenheit aller Ideen und Vorstellungen. Wenn wir tief in die Theologie eintauchen, gilt das Gleiche für Gott. Es ist ein Irrtum zu sagen: »Gott ist«, und ebenso falsch ist die Aussage: »Gott ist nicht.« »Ist« und »ist nicht« sind Ideen unseres Verstandes, und sie können nicht auf die wunderbare, absolute Wahrheit angewendet werden.

Dies ist die Praxis der Welle, die zum Wasser zurückkehrt. Wenn die Welle ins Wasser zurückkehrt, ist sie sehr glücklich und frei von Sorgen. Das ist wahren Menschen und uns Praktizierenden auch möglich.

Die erste Zeile könnte übersetzt werden als: »Zu beginnen oder nicht zu beginnen, das ist nicht die Frage.« Die zweite Zeile könnte man übersetzen: »Zu sein oder nicht zu sein, das ist nicht die Frage.« Nirvāṇa transzendiert die Vorstellung von Beginn und Nichtbeginn, die Vorstellung von Sein und Nichtsein.

das ist das Nichterlangbare,

Der Sanskrit-Ausdruck für »nicht erlangbar« ist *aprāpti*, und es gibt auch das Wort *anupalabdha*, das »unerreichbar« oder »unbeobachtbar« bedeutet. Glauben wir, dass wir die Frühlingszeit greifen und für immer festhalten könnten? Können wir die Frühlingsbrise in eine Schachtel pressen und sie zwingen, für immer bei uns zu bleiben? Wir glauben, dass wir unseren geliebten Menschen festhalten können, aber er ist nicht greifbar. Wissenschaftlerinnen und Wissenschaftler versuchen Teilchen mit ihrem

Intellekt zu erfassen, aber sie verstehen nicht, dass Teilchen nicht greifbar sind. Nichts kann durch Vorstellungen wirklich erfasst werden. Wenn wir mittels mentaler Kategorien Nirvāṇa oder Gott begreifen wollen, werden wir das niemals schaffen, denn Nirvāṇa und Gott sind nicht zu erfassen. »Nichterlangbarkeit« ist eine der besonderen Qualitäten von Nirvāṇa. Wir können Nirvāṇa nur besingen. Das Nirvāṇa-Kapitel ist ein Musikstück, das uns viele Möglichkeiten bietet, mit Nirvāṇa in Berührung zu kommen. Die Tatsache, dass etwas nicht erlangt werden kann, bedeutet nicht, dass es nicht da ist. Die Frühlingsbrise und der Sonnenschein am frühen Morgen sind da, aber wir können sie nicht ergreifen, nicht festhalten. Wir können unseren Finger festhalten, aber nicht die Frühlingsbrise.

das Unbegreifbare.

Diese Zeile bedeutet, dass man Nirvāṇa weder mittels mentaler Kategorien begreifen, ergründen noch in Worten ausdrücken kann. Man kann nicht den Geist benutzen, um es zu erfassen. Das Sanskrit-Wort lautet *acintya.*

In der Sōtō-Tradition gibt es das Sprichwort: »Du kannst das Unbegreifbare nicht begreifen. Nicht zu versuchen, das Unbegreifbare zu begreifen, ist die Essenz der Meditation.«

Wir sollten das Sūtra wie ein Lied oder ein Gedicht betrachten und uns nicht in Worten, vor allem nicht in Ideen verfangen. Mit Glück können wir dank des Liedes oder des Gedichtes in enge Berührung mit Nirvāṇa kommen, das bereits in unserem Herzen ist.

VERS 8

Der Geist ist schwer zu erfassen, aber die
Gewohnheitsenergien können erkannt werden.
Wer seinen begehrenden Geist zu erkennen vermag,
wird alles klar sehen.
Gibt es kein Objekt der Begierde, ist es möglich, alle
Arten von Leiden zu vermeiden.
Durch Verblendung nimmt das Leiden stetig zu.

心難見習可覩
覺欲者乃具見
無所樂為苦際
在愛欲為增痛

Der Geist ist schwer zu erfassen, aber die Gewohnheitsenergien können erkannt werden.

Da der Geist keine Form und kein Erscheinungsbild hat, ist er schwer zu erkennen und zu begreifen. »Gewohnheitsenergien« ist ein Fachbegriff der buddhistischen Psychologie, der auf Sanskrit *vāsanā* lautet. Wir alle haben Gewohnheitsenergien, die uns zum Denken, Sprechen und Handeln bewegen. Oft sagen wir etwas, ohne es zu wollen, aber die Gewohnheitsenergie drängt uns dazu. Wir wollen etwas nicht tun, tun es aber, von der Gewohnheitsenergie angetrieben. Wir wollen über etwas nicht nachdenken, aber die Gewohnheitsenergie drängt uns dazu, es zu tun. Eine Gewohnheitsenergie mag uns von unseren Eltern oder unseren Vorfahren übertragen worden sein. Sie könnte in unserer Kindheit begonnen haben oder uns durch unsere Gesellschaft oder Erziehung vermittelt worden sein. Ein Pferd wird immer dem Weg folgen wollen, mit dem es vertraut ist.

Es stimmt, dass wir unseren Geist nicht erfassen können, aber unsere Gewohnheitsenergien können wir erkennen. Wir erkennen sie mithilfe der Achtsamkeit. Achtsamkeit ist die Fähigkeit zu wissen, was geschieht, und die Achtsamkeit erkennt, dass wir von unserer Gewohnheitsenergie zu etwas gedrängt werden.

Die zwei Arten von Gewohnheitsenergie

1. *Die durch Karma oder Handlung erzeugte Gewohnheitsenergie* (karmavāsanā)
   Es gibt drei Arten von Handlungen: Gedanken, Sprechen und Taten. Wir haben Gewohnheitsenergien des Denkens, des Sprechens und des Handelns. Die durch Handeln erzeugten Gewohnheiten können heilsam oder unheilsam sein. Wenn wir etwas als Ergebnis einer heilsamen Gewohnheitsenergie tun, erkennen wir, dass die Gewohnheitsenergie heilsam ist. Wenn wir zum Beispiel die Glocke hören, hören wir auf, zu denken und zu sprechen, und beginnen, sanft zu atmen. Wenn wir die Glocke hören, brauchen wir niemanden, der uns daran erinnert oder uns zwingt innezuhalten; wir tun es ganz automatisch. Das ist eine heilsame Gewohnheitsenergie.
   Wir können eine entsprechende Gewohnheit bei der Gehmeditation entwickeln. Bei jedem Schritt genießen wir ein Gefühl der Freiheit und Leichtigkeit. So zu gehen wird uns zur Gewohnheit. An jedem frühen Morgen und jedem Abend praktizieren wir die Sitzmeditation, und wir fühlen uns wohl dabei. Gibt

es einen Tag, an dem wir nicht meditieren können, haben wir das Gefühl, dass uns etwas fehlt. Meditation ist uns zu einer heilsamen Gewohnheitsenergie geworden.

Es gibt aber auch unheilsame Gewohnheiten. Wenn sie auftauchen, erkennen wir durch die Achtsamkeit sofort, ob es sich um Gewohnheiten des Denkens, Sprechens oder Verhaltens handelt.

Ein junger Amerikaner kam ins Upper Hamlet, um einen Monat lang mit uns zu üben. Er praktizierte gut und tat mit der Zeit alles auf eine gemächliche und sorgfältige Weise. Die Brüder im Upper Hamlet hatten ihn so unterwiesen. Alle um ihn herum verhielten sich so, infolgedessen war er von einer Energie der Leichtigkeit und Sanftmut umgeben. In dieser Art übte er sich in den ersten drei Wochen seines Aufenthalts. In der vierten Woche fand ein Erntedankfest statt. Er wurde von seiner nordamerikanischen Gruppe ausgewählt, einkaufen zu gehen und die Zutaten für ein nordamerikanisches Gericht zu kaufen, das die Gruppe für die Zeremonie bereiten wollte. Seit seiner Ankunft in Plum Village verließ er erstmals den Weiler und war nicht von der Sangha umgeben. Während des Einkaufs kehrte seine alte Energie der Eile zurück. Er begann sich zu beeilen, wollte fertig werden, den Auftrag so schnell wie möglich erledigen und nach Upper Hamlet zurückkehren. Da er in den letzten drei Wochen geübt hatte, war er in der Lage, dies zu erkennen. Er sah, wie er sich beeilte, in Aufregung geriet und seine Einkäufe so schnell wie möglich erledigen wollte. Er erkannte, dass dies eine Gewohnheit war, und plötzlich wurde ihm klar, dass er sie von seiner Mutter geerbt hatte.

Seine Mutter war immer in Eile, und er hatte diese unheilsame Gewohnheitsenergie von ihr erhalten. Als er das erkannte, lächelte er und sagte leise zu sich selbst: »Hallo, Mama! Ich weiß, dass du da bist.« Dadurch konnte er wieder zur Achtsamkeit zurückkehren und erneut sanft und entspannt einkaufen. Als er Zuflucht zu seinem Atem nahm, trug ihn die Gewohnheitsenergie nicht mehr mit sich fort.

Erkennen ist eine wunderbare Übung. Wir verdrängen nicht, wir beschuldigen nicht, wir erkennen einfach. Diese Praxis wird »bloßes Erkennen« genannt. Wir machen uns keine Vorwürfe oder verdrängen unsere Gewohnheitsenergie. Wenn wir sie erkennen, beeinflusst sie uns nicht und wir bleiben frei. So wie dieser junge Mann hat jeder von uns Gewohnheitsenergien. Lassen wir uns durch sie in eine Richtung ziehen, können wir uns selbst und anderen schaden. Wir wollen durch unsere Worte und Taten keinen Schaden anrichten, aber die Gewohnheitsenergie drängt uns vielleicht. Deshalb müssen es sich Praktizierende zur Gewohnheit machen, die eigenen Gewohnheitsenergien zu erkennen.

Was die Gewohnheitsenergie des Denkens anbelangt, haben wir vielleicht die Gewohnheit, negativ zu denken und anderen gegenüber misstrauisch zu sein. Wenn wir uns davon nicht mitreißen lassen wollen, müssen wir sie erkennen.

2. *Die Gewohnheit des doppelten Ergreifens*

Diese Gewohnheitsenergie hält die Vorstellung aufrecht, dass Subjekt und Objekt getrennt und unabhängig voneinander sind. Wir sind in einem getrennten Subjekt und Objekt gefangen und greifen danach. »Doppeltes Ergreifen« heißt auf Sanskrit *dvāgraha*. Es bedeutet, dass wir zur gleichen Zeit in zwei Dingen gefangen sind: dem Wahrnehmenden und dem Wahrgenommenen.

Einige Wissenschaftlerinnen und Wissenschaftler unserer Zeit sind über dieses doppelte Ergreifen hinausgegangen, andere sind immer noch darin gefangen und denken, dass unser Bewusstsein und die Realität, die wir erforschen, voneinander getrennt seien. Wir meinen, dass unser Bewusstsein eine Entität sei, die unabhängig von ihrem Objekt existiert. Das doppelte Ergreifen ist eine sehr tief verwurzelte Gewohnheitsenergie im Menschen. Sie ist der Grund, warum wir Erleuchtung nicht verwirklichen können.

Es ist möglich zu lernen, beide Arten von Gewohnheitsenergie zu erkennen und sie Stück für Stück zu transformieren.

Wer seinen begehrenden Geist zu erkennen vermag, wird alles klar sehen.

Wir haben Begierden und es gibt Dinge, denen wir nachlaufen und die wir besitzen wollen. Das ist der begehrende Geist. Wir halten uns nicht für glücklich, also rennen wir hinter etwas her, warten auf etwas und sehnen uns nach etwas. Auch das ist eine Gewohnheitsenergie, die uns daran hindert, glücklich im gegenwärtigen Moment zu leben. Du hast mehr als genug Voraussetzungen, um jetzt glücklich zu sein, aber du vermagst es nicht zu sein. Das liegt an deinem begehrenden Geist. Du rennst hinter etwas her. Es gibt etwas, das du haben willst. Du meinst, dass du nicht glücklich sein kannst, wenn du das Objekt deiner Begierde nicht bekommst.

Gibt es kein Objekt der Begierde, ist es möglich, alle Arten von Leiden zu vermeiden.

Du bist wunderbar, so wie du bist. Du musst nicht jemand anderes werden, um glücklich zu sein. Sei also du selbst; du brauchst nicht zu jemand anderem zu werden. Wie ist es möglich, nichts mehr zu begehren? Möglich ist es, weil du genau jetzt mehr als genug Bedingungen für dein Glück hast. Du hast eine Lunge, um die saubere Luft einzuatmen, und das ist bereits Glück. Du hast ein Herz, das normal schlägt, und Augen, die die Schönheiten des Frühlings sehen können. Du hast also viele Voraussetzungen, um glücklich zu sein. Du musst nichts anderem hinterherlaufen. Kein Objekt der Begierde zu haben ist *Absichtslosigkeit*, das dritte Tor der Befreiung.[28]

Durch Verblendung nimmt das Leiden stetig zu.

Wenn wir hinter nichts mehr herlaufen, entkommen wir dem Gefängnis des Leidens. Die letzte Zeile dieses Verses erinnert uns daran, dass sinnliches Verlangen, Verblendung und Streben uns stets mehr Leiden bringen. Nicht von etwas verblendet zu sein, nicht nach etwas zu streben sind die Grundlage des Glücks.

---

28 Die anderen beiden sind Leerheit und Zeichenlosigkeit.

VERS 9

Ein klarer, unbefleckter und reiner Geist vermag das Begehren zu bezähmen.
In diesem Moment kommst du nicht mehr mit der Welt des Leidens in Berührung,
auch wenn deine Augen noch sehen, deine Ohren noch hören,
dein Gedächtnis sich noch erinnert und dein Bewusstsein noch unterscheidet.

明 不 染 淨 能 御
無 所 近 為 苦 際
見 有 見 聞 有 聞
念 有 念 識 有 識

Ein klarer, unbefleckter und reiner Geist vermag das Begehren zu bezähmen.

Ein klares Verstehen verhindert, dass der Geist befleckt wird. Sobald der Geist gereinigt ist, kann er alle begehrenden Gedanken bezähmen.

In diesem Moment kommst du nicht mehr mit der Welt des Leidens in Berührung,

Obwohl du nicht mehr mit der Welt des Leidens in Berührung kommen musst, bist du nicht vom Leben abgeschnitten. Dies wird in den nächsten Zeilen deutlich, in denen es heißt:

auch wenn deine Augen noch sehen, deine Ohren noch hören, dein Gedächtnis sich noch erinnert und dein Bewusstsein noch unterscheidet.

Solange wir im Leben präsent sind, sehen wir weiterhin Sichtbares, wir hören Töne, haben Erinnerungen und unterscheiden, was wir unterscheiden müssen. Die Veränderung ist, dass wir uns nicht in diesen Objekten verfangen; wir bleiben freie Menschen. Wir sind immer noch menschliche Wesen, die sehen, hören, wissen und sich erinnern, aber all die Objekte unseres Wahrnehmens und Wissens können uns nicht mehr fesseln und unserer Freiheit berauben.

VERS 10

Nachdem du Nichtanhaftung und Nichtunterscheidung verwirklicht
sowie alle Ideen losgelassen hast, kannst du in diesen Bereich eintreten.
Du wirst die Wahrnehmung des Selbst transzendieren,
alle Leid verursachenden geistigen Gebilde meistern
und die Gewohnheit wertend-unterscheidender Wahrnehmung gänzlich beseitigen.
So wird es kein Leiden mehr geben.

覩 無 著 亦 無 識
一 切 捨 為 得 際
除 身 想 滅 痛 行
識 已 盡 為 苦 竟

Nachdem du Nichtanhaftung und Nichtunterscheidung verwirklicht sowie alle Ideen losgelassen hast, kannst du in diesen Bereich eintreten.

Dieser Vers gibt uns detaillierte Richtlinien, denen wir folgen sollten. Wir sind in der Lage, einen Zustand zu erkennen und zu verwirklichen, in dem wir nicht in etwas verfangen sind oder uns an irgendetwas hängen. Was immer wir sehen, hören, erinnern oder mit unserem Geist unterscheiden, ist nichts, woran wir anhaften oder wofür oder wogegen wir Partei ergreifen sollten.

Das bedeutet: Wenn wir alle Ideen loslassen, können wir in den Raum oder die Welt der Nichtanhaftung und Nichtunterscheidung eintreten.

***Du wirst die Wahrnehmung des Selbst transzendieren,
alle Leid verursachenden geistigen Gebilde meistern
und die Gewohnheit wertend-unterscheidender
Wahrnehmung gänzlich beseitigen.
So wird es kein Leiden mehr geben.***

In der dritten Zeile geht es um das Loslassen der Wahrnehmung eines getrennten Selbst. Wir alle haben die Gewohnheit, unseren Körper und unseren Geist als unser Selbst zu betrachten, ein Selbst, das beständig und unveränderlich ist und entweder fortbesteht oder vollständig vernichtet wird, wenn der Körper sich auflöst. Das ist mit 身想 *(shen xiang)*, »die Wahrnehmung des Selbst« gemeint. Wir üben uns darin, die Vorstellung eines eigenständigen Selbst loszulassen.

Wir machen Schluss mit schmerzhaften geistigen Gebilden wie Angst, Begehren, Eifersucht und Wut. Beenden wir gänzlich die Gewohnheit, die Dinge auf dualistische Weise wahrzunehmen, beenden wir alles Leiden.

VERS 11

Vermagst du in einer unruhigen Umgebung Geistesruhe zu bewahren, bleibst du in Stille.
Mit einem aufgewühlten Geist kannst du Nirvāṇa nicht nah sein, vermagst keinen Frieden und keine Freude zu erleben.
Wenn die Vorstellungen von Leid und Glück transzendiert sind, ist die wahre Stille da.
Sind die Vorstellungen von wahrer Stille transzendiert, gibt es keine Notwendigkeit mehr für Kommen und Gehen.

猗 則 動 虛 則 靜
動 非 近 非 有 樂
樂 無 近 為 得 寂
寂 已 寂 無 往 來

Vermagst du in einer unruhigen Umgebung Geistesruhe zu bewahren, bleibst du in Stille.
Mit einem aufgewühlten Geist kannst du Nirvāṇa nicht nah sein, vermagst keinen Frieden und keine Freude zu erleben.

Das Zeichen 虛 *(xu)* in der ersten Zeile bedeutet »leer, frei und ruhig«. Wenn du deinen Geist leer, frei und ruhig halten kannst, vermagst du in einer lärmigen Umgebung still zu sein. Mit einem aufgewühlten Geist bist du nicht in der Lage, mit der Ruhe und Reinheit von Nirvāṇa in Berührung zu kommen, und wirst keinen Frieden und keine Freude erleben.

Wenn die Vorstellungen von Leid und Glück transzendiert sind, ist die wahre Stille da.

Erst wenn wir über die Vorstellung hinausgegangen sind, dass Glück und Leid zwei getrennte Dinge seien, können wir die Stille von Nirvāṇa erfahren. Es gibt relatives Leiden und relatives Glück, und wir müssen das relative Leiden und Glück überwinden, um das letztendliche Glück zu verwirklichen, das Nirvāṇa ist.

Sind die Vorstellungen von wahrer Stille transzendiert, gibt es keine Notwendigkeit mehr für Kommen und Gehen.

Wir müssen unsere Vorstellung von wahrer Stille transzendieren, um frei von Kommen und Gehen zu werden. Am Anfang denken wir, dass Nirvāṇa ein Ort sei, an den wir uns begeben wollen. Weil wir in Nirvāṇa eintreten wollen, entstehen die Vorstellungen von Kommen und Gehen. 往來 *(wang lai)* bedeutet »eintreten und weggehen«, »ankommen und verlassen«. Wir haben Ideen über Leiden und Glück, Stillstand und Bewegung, die Stille von Nirvāṇa und die Abwesenheit der Stille von Nirvāṇa. Das sind alles nur Konzepte. Wenn wir über all diese Vorstellungen hinausgegangen sind, einschließlich der Vorstellung, dass Nirvāṇa der Ort sei, an den wir gelangen wollen, dann gibt es keine Notwendigkeit mehr für uns, zu kommen oder zu gehen. Es geht nicht mehr darum, von außen in Nirvāṇa hineinzugelangen oder Nirvāṇa zu verlassen. Wir sind bereits in Nirvāṇa.

Es ist wie eine Welle, die versucht, Wasser zu finden, und denkt: »Es wäre wunderbar, Wasser zu sein. Als eine Welle muss ich doch sehr viel leiden. Ich muss ansteigen und dann wieder herabsinken. Ich muss eine Zeit lang existieren und dann aufhören zu existieren. Manchmal muss ich hoch und manchmal niedrig sein. Ich möchte wirklich aufhören, eine Welle zu sein, und möchte stattdessen Wasser sein.« Also versucht die Welle, einen Weg zu finden, ins Wasser zu gelangen. In Wahrheit braucht die Welle das gar nicht, denn sie ist bereits Wasser.

VERS 12

Wenn es kein Kommen und Gehen mehr gibt,
enden auch Geburt und Tod.
Wie könnte nach dem Ende von Geburt und Tod noch
zwischen Diesem und Jenem unterschieden werden?
Die Vorstellungen von Diesem und Jenem haben
beide aufgehört.
Die absolute Stille, und das ist Nirvāṇa, ist die Befreiung
von einer Welt des Leidens.

往 來 絕 無 生 死
生 死 斷 無 此 彼
此 彼 斷 為 兩 滅
滅 無 餘 為 苦 除

Wenn es kein Kommen und Gehen mehr gibt,
enden auch Geburt und Tod.

Geburt und Tod kann man als eine Art Kommen und Gehen ansehen: Wir werden geboren und kommen ins Leben, wir sterben und wir gehen oder scheiden aus dem Leben. Dann werden wir erneut geboren, und wir treten wieder ins Leben, und so weiter. Sobald die Vorstellungen von Kommen und Gehen aufhören, sind auch die Vorstellungen von Geburt und Tod beendet.

Wie könnte nach dem Ende von Geburt und Tod noch zwischen Diesem und Jenem unterschieden werden?

Wenn die Vorstellungen von Geburt und Tod aufhören, gibt es keine Vorstellungen mehr von »Diesem« und »Jenem«. »Dies« und »Jenes« bestehen infolge einer Unterscheidung: »Das bin ich, und das bist du.« Dies ist das Subjekt, und das ist das Objekt. Dies ist der Körper, und das ist der Geist. All diese Arten von Unterscheidung sind zu einem Ende gekommen.

Die Vorstellungen von Diesem und Jenem haben beide aufgehört.

Wenn »Dies« endet, endet auch »Jenes«. Die beiden Vorstellungen enden zusammen. Das Zeichen 兩 *(liang)* bedeutet »dualistisch«, was sich hier auf dualistisches Denken oder dualistische Sichtweisen bezieht, die das Ergebnis doppelten Ergreifens sind. Sobald die Vorstellung von einem Subjekt aufhört, gibt es auch die Vorstellung von einem Objekt nicht mehr. Wenn Geburt und Tod enden, wenn »Dies« und »Jenes« enden, dann hört die dualistische Wahrnehmungsweise ebenfalls auf.

Die absolute Stille, und das ist Nirvāṇa, ist die Befreiung von einer Welt des Leidens.

Die absolute Stille ist das Zur-Ruhe-Kommen aller Vorstellungen und das beendet alles Leiden. Stille bedeutet das Ende unserer Vorstellungen von Glück und Leid, unbewegt oder in Bewegung, Kommen und Gehen. In Nirvāṇa gibt es keine Unterscheidung mehr zwischen Glück und Leid. Wir wissen, wie wir mit Leiden umgehen, und wir wissen, wie wir mit Glück umgehen. Wir wissen, dass Glück und Leid zusammengehören, sie sind »inter«, sie bedingen und durchdringen einander. Wir entscheiden uns dafür, dem Glück nicht mehr hinterherzulaufen und vor dem Leiden nicht mehr davonzulaufen. Der unterscheidende Geist ist nicht mehr da. In der Welt von Geburt und Tod, der Welt von Saṃsāra, gibt es Leiden. Aber jenseits dieses Leidens, tief im Herzen der Welt des Leidens, gibt es die Welt von Keine-Geburt und Kein-Tod, Kein-Kommen und Kein-Gehen.

VERS 13

O Mönche, es gibt in der Welt Geburt, Sein, Geschaffenes und Bedingtes.
Aber es gibt auch Keine-Geburt, Kein-Sein,
Nichtgeschaffenes und Nichtbedingtes;
denn diese sind der Ausweg aus Geburt, Sein,
Geschaffenem und Bedingtem.

比 丘 有 世 生
有 有 有 作 行
有 無 生 無 有
無 作 無 所 行

Dieses Gāthā ist das schwierigste in diesem Sūtra, aber es ist auch das inspirierendste.

O Mönche, es gibt in der Welt Geburt, Sein, Geschaffenes und Bedingtes.

Das Wort *bhava* bedeutet »Werden«, »Sein«, »Existenz«. In diesem Zusammenhang übersetzen wir es mit »Sein«. Der Begriff *saṃskṛta* bedeutet »geformt«, »zusammengesetzt« oder »bedingt«. Hier übersetzen wir es mit »bedingt«. Auf der phänomenalen Ebene sehen wir Geburt, gefolgt von Tod; Existenz, gefolgt von Nichtexistenz; auf das Entstandene, Geschaffene folgt das Zerstörte; auf das Geformte, Bedingte folgt das Aufgelöste. In der historischen oder phänomenalen Dimension gibt es Geburt und Tod, Existenz und Nichtexistenz, Entstandenes und Zerstörtes, Geformtes und Aufgelöstes.

Das Sanskrit-Wort Saṃskāra übersetzen wir als »Gebilde«. Alle Phänomene sind Gebilde, und alle Gebilde sind unbeständig. Sie bestehen aus vielen Elementen, die zusammengekommen sind. Ein Gebilde hat immer eine Form angenommen. Wir sehen es als etwas Geschaffenes, Gemachtes, Entstandenes an. Wir sehen den Tisch, die Erde, die Berge und die Flüsse als entstanden an. Sein ist Existenz, aber es bedeutet auch, ins Sein, ins Dasein gebracht worden zu sein. Im Buddhismus verwenden wir als Übersetzung des Sanskrit-Begriffs Bhava oft das Wort »Werden«. »Werden« ist eine bessere Übersetzung als »Sein«. In dem Wort »Werden« steckt die Vorstellung von Veränderung: Wir sind noch nicht da, wir sind im Werden, denn in einem anderen Moment werden wir nicht mehr die Person sein, die wir vorher waren. Wenn wir uns auf Gebilde beziehen, können wir Bhava auch mit »Sein« oder »Existenz« übersetzen, obwohl »Werden« vielleicht besser wäre, denn Gebilde haben keine dauerhafte, authentische Identität in der Zeit.

In der historischen Dimension sehen wir, dass Dinge geboren werden, vorhanden sind, entstanden und bedingt sind.

Aber es gibt auch Keine-Geburt, Kein-Sein,
Nichtgeschaffenes und Nichtbedingtes;
denn diese sind der Ausweg aus Geburt, Sein,
Geschaffenem und Bedingtem.

Wenn wir sorgfältig und tief Geburt, Sein, Geschaffenes und Bedingtes anschauen, sehen wir Keine-Geburt, Kein-Sein, Nichtgeschaffenes und Nichtbedingtes. Das ist Nirvāṇa.

Kein-Sein bedeutet nicht, nicht zu sein. Kein-Sein ist weder Sein, noch ist es Nichtsein. Es transzendiert Sein und Nichtsein. Nehmen wir zum Beispiel eine Wolke. Wenn wir eine Wolke sehen, sagen wir, sie existiere. Bevor wir sie sehen können, sagen wir, sie sei nicht existent. Das ist falsch, denn bevor sie eine Wolke ist, ist sie Wasserdampf, auch wenn wir den Wasserdampf nicht sehen. In diesem Raum hier gibt es eine riesige Menge an Wasserdampf. Wir atmen viel davon aus, aber weil wir ihn nicht sehen, sagen wir, dass es in diesem Raum keine Wolke gibt. Es wäre falsch zu sagen, dass es die Wolke nicht gibt, aber es wäre auch falsch zu sagen, dass sie in diesem Raum existiert.

Existentes und Nichtexistentes sind nicht nur das, was wir sehen oder nicht sehen. Die Wahrheit geht über Existieren und Nichtexistieren hinaus. Das, von dem wir sagen, dass es nicht existiere, mag tatsächlich da sein, während das, von dem wir sagen, es existiere, vielleicht gerade gar nicht da ist.

In der letztendlichen Dimension gibt es das Ungeborene, was auch das Unsterbliche ist. Es gibt Kein-Sein, was auch bedeutet, dass es Kein-Nichtsein gibt. Es gibt das Ungeschaffene, aber es gibt auch das Nicht-Ungeschaffene. Es gibt das Nichtbedingte, aber es gibt auch das Nicht-Nichtbedingte. Dieser Vers ist der Dreh- und Angelpunkt, den wir auch in Pali in *Udāna* (8.3) finden. Da ich diesen Vers in Pali gesehen habe, war ich in der Lage, das Chinesische zu enträtseln. Die Übersetzung der Pali-Stelle lautet wie folgt:

> *Bhikshus, es gibt ein Ungeborenes, Ungewordenes, Unerschaffenes, Ungestaltetes. Bhikshus, wenn es dieses Ungeborene, Ungewordene, Unerschaffene, Ungestaltete nicht gäbe, könnte es kein Entrinnen geben aus dem, was geboren, geworden, erschaffen, zusammengesetzt ist.*

Wir könnten diese Stelle folgendermaßen interpretieren:

> *Mönche, auf der phänomenalen Ebene sehen wir Geburt, Tod, Sein, Nichtsein, das Entstandene und das Bedingte. Doch auf einer tieferen ontologischen Ebene gibt es keine Geburt, keinen Tod, kein Sein, kein Nichtsein, kein Geschaffenes und kein Bedingtes.*
> *Das ist Nirvāṇa.*
> *Gäbe es dieses Nirvāṇa nicht, gäbe es keinen Ausweg für das, was geboren wurde, was existiert, geschaffen und bedingt ist.*

Eine Welle leidet, kämpft und ist verzweifelt, weil sie hoch oder niedrig ist, geboren wird oder stirbt. Weiß sie aber, dass sie Wasser ist, wird sie einen Ausweg sehen.

Sobald sie weiß, dass sie bereits Wasser ist, transzendiert sie Geburt und Tod, oben oder unten, hoch oder niedrig. Nur dann kann sie wirklich glücklich sein. Solange sie nicht erkennt, dass sie Wasser ist, kann sie nur glücklich sein, wenn sie groß ist. Wenn sie anfängt zu verebben, wird sie sich ängstigen und fürchten. Um Nirvāṇa zu finden, brauchen wir nicht weit zu gehen. Es ist in uns selbst vorhanden.

In dieser Zeile gibt es im Chinesischen die Zeichen 無作 *(wu zuo)*, »ungeschaffen«, »nicht gemacht«. Das bedeutet hier, dass außerhalb von Handlungen keine Handelnden zu finden sind. Der oder die Handelnde ist das Subjekt des Verbs. 作 *(zuo)* ist die Handlung, das, was getan oder gemacht wird. Zum Beispiel sagt man: »Der Regen fällt« oder »es regnet«. »Regen« ist das Subjekt und »regnen« die Handlung. Schauen wir genau hin, erkennen wir, dass es getrennt von der Aktivität des Regnens keinen Regen gibt. Regen, der nicht regnet, ist kein Regen mehr. Er ist eine Wolke. Zu sagen: »Die Wolke regnet«, klingt sehr seltsam. Es reicht völlig aus, wenn man sagt: »Regen.« Man muss nicht das Verb »regnen« hinzufügen. Das Gleiche gilt für: »Der Wind weht.« Wind, der nicht weht, ist kein Wind mehr. Sowohl im Fall von Regen als auch von Wind sind ein Subjekt *und* ein Verb nicht nötig. »Handelnde« und »Handlung« sind zwei Vorstellungen. Sie sind keine zwei voneinander getrennten Realitäten. Man kann Handelnde nicht aus den Handlungen herausnehmen, und man kann Handlungen nicht aus den Handelnden herausnehmen. Handelnde und Handlungen können nicht eigenständig voneinander existieren. Sie haben keine je eigene Substanz oder Eigennatur.

In den *Paramārtha Gāthās* von Asanga[29] gibt es die Strophe:

Alle Gebilde verändern sich in jedem Augenblick.
Ihr Verweilen ist nichts Wirkliches, und erst recht nicht ihre Aktivität.
Die Gebilde lassen das entstehen,
was als Handlungen und Handelnde/r betrachtet wird.

Hier wird sich auf das Ungeschaffene oder Nichtgemachte bezogen. Es gibt keine Handlungen und keine Handelnden außerhalb voneinander. Es gibt nicht ein Subjekt, das agiert, und ein Objekt, das getan wird, als zwei getrennte Wirklichkeiten. Die Einsicht in das Ungeschaffene hilft uns, unsere Sichtweise eines getrennten Selbst aufzugeben und die Weisheit der Gleichheit *(samatājñāna)* zu erkennen.

Nichtbedingtes bedeutet, dass Phänomene (*saṃskṛta*, bedingte Dinge) keine wirkliche Substanz haben, keine Eigennatur. Sie sind nur etwas Zusammengesetztes, das für einen Augenblick existiert und nicht real ist. Bedingte Dinge werden geboren und sterben in jedem Augenblick. Sie haben weder eine Eigennatur noch ein Selbst – sie sind leer, ohne wirkliche Existenz.

Das chinesische Zeichen 行 *(xing)* hat zwei Bedeutungen – »bedingt« (etwas, das durch Bedingungen geschaffen wurde) und »bedingend« (etwas, das eine Bedingung für die Bildung von etwas anderem ist). Gebilde hängen

---

29 Band sechzehn des *Yogācārabhūmiśāstra*, Vers fünf. (Dt. nach Rücksprache mit Prof. Dan Lusthaus und M. B. Schiekel.)

voneinander ab, so wie die linke Seite auf die rechte, oben auf unten und das Subjekt auf das Objekt angewiesen ist, um sich manifestieren zu können. Wenn wir sagen, dass Gebilde bedingte Phänomene sind, bedeutet das, wir müssen akzeptieren, dass es nichtbedingte Dinge gibt, wie Nirvāṇa und Raum. Bedingtes und Nichtbedingtes sind ein Gegensatzpaar, ein Paar, das aufeinander wartet, wie Geburt und Tod, Existenz und Nichtexistenz, Handlung und Handelnde. Tatsache ist, dass nichtbedingte Phänomene nicht ohne bedingte Phänomene sein können, so wie die linke Seite nicht ohne die rechte da sein kann. Deshalb ist die Vorstellung, Nirvāṇa könne ohne Saṃsāra (den Kreislauf von Geburt und Tod) existieren, falsch. Nirvāṇa, wie eine Wolke oder jedes andere Phänomen, liegt der Rechten Ansicht zufolge jenseits der beiden Konzepte von »existieren« und »nicht existieren«.

Daher der Ausdruck: »Nirvāṇa und Saṃsāra sind wie illusorische Flecken vor deinen Augen.« Das bedeutet, dass Nirvāṇa und Saṃsāra als zwei voneinander getrennte Entitäten lediglich Vorstellungen sind, so wie die Flecken, die man manchmal vor den Augen hat. Sie sind nicht real. Bedingende und Bedingtes sind ebenfalls keine zwei getrennten Entitäten.

Haben wir das Nichtbedingte realisiert, sind wir in der Lage, die Vorstellungen von nichtbedingt und bedingt, von Nirvāṇa und Saṃsāra zu transzendieren.

Anmerkung der englischen Übersetzerin: Die vier Fachbegriffe in den Versen dreizehn, vierzehn, fünfzehn, sechzehn: 生 *(sheng)*, 有 *(you)*, 作 *(zuo)*, 行 *(xing)*, entsprechen den Pali-Begriffen: *jātam*, *bhūtam*, *katam*, *saṅkhatam* (Sanskrit: *jātam*, *bhūtam*, *kṛtam*, *saṃskṛtam*), aus *Udāna* 8.13, und wir haben sie übersetzt mit »Geburt«; »Sein«; »Geschaffenes«, »Gemachtes« oder »Entstandenes«; »Bedingtes«. Diese Übersetzungen sind alles andere als perfekt. In den Kommentaren erklärt Thich Nhat Hanh die Bedeutungen der einzelnen Begriffe. Die Leserinnen und Leser sollten dabei bedenken, dass »geschaffen«, »entstanden« und »bedingt« eine weitreichendere Bedeutung haben, als die Worte andeuten.

VERS 14

Nur wer das Nichtdenken erlangt hat,
kann Nirvāṇa erreichen.
Sobald es keine Geburt mehr gibt, gibt es auch
kein Sein mehr.
Es gibt keinen Ort für das Geschaffene und keinen
für das Bedingte.

夫 唯 無 念 者
為 能 得 自 致
無 生 無 復 有
無 作 無 行 處

Nur wer das Nichtdenken erlangt hat,
kann Nirvāṇa erreichen.

Über Nichtdenken hinausgegangen sind diejenigen, die die Vorstellung von Geburt und Tod, von Sein und Nichtsein, »Diesem« und »Jenem« hinter sich gelassen haben. Nichtdenken ist eine sehr tiefgehende und wunderbare Lehre. Wenn wir die Wirklichkeit tiefgreifend verstehen wollen, müssen wir alle Konzepte von Geburt und Tod, Sein und Nichtsein, von »noch da« und »nicht mehr da«

loslassen. Diese Einsicht, dieses Verstehen realisieren wir selbst. Sie entspringen unserer eigenen Erfahrung und sind kein Wissen, das wir von anderen übernehmen. Wenn wir einem christlichen, jüdischen oder muslimischen Weg folgen, dann verwenden wir das Wort Gott und nicht Nirvāṇa, aber beide Worte verweisen auf die gleiche Wirklichkeit.

Sobald es keine Geburt mehr gibt, gibt es auch kein Sein mehr.

Geburt, 生 *(sheng)*, heißt auf Sanskrit *jāti*. Mit Geburt sind viele andere Vorstellungen verbunden, wie zum Beispiel Tod, denn Geburt geht immer mit Tod einher, wie das Ungeborene mit dem Unsterblichen. Auch unsere Vorstellungen von Sein und Nichtsein, Kommen und Gehen, Gleichsein und Verschiedensein gehören dazu. Dies alles sind Vorstellungen, Gegensatzpaare, die wir überwinden müssen, um Nichtdenken zu verwirklichen. Keine-Geburt steht hier stellvertretend für all die anderen »Kein/e«. Das ist Nirvāṇa, denn Nirvāṇa ist von Natur aus der Bereich von Keine-Geburt, Kein-Tod, Kein-Kommen, Kein-Gehen, Kein-Sein, Kein-Nichtsein, Kein-Gleiches, Kein-Unterschiedenes. Keine-Geburt verwirklichen heißt Nirvāṇa verwirklichen.

Wenn das Sein nicht da ist, ist auch das Nichtsein nicht da, denn Sein und Nichtsein sind ein Gegensatzpaar. Manche Menschen haben Angst vor dem Tod, weil sie Angst haben, zu Nichts zu werden. Es gibt auch Menschen, die Angst vor dem Leben haben; Angst davor, dass sie nach diesem Leben wiedergeboren werden und ein weiteres Leben führen müssen. Viele von uns würden gerne ein

Elixier der Unsterblichkeit entdecken, damit wir ewig leben könnten, ohne zu sterben. Sowohl in der westlichen als auch in der östlichen Literatur gibt es Hinweise auf Menschen, die sich auf die Suche nach einem Elixier der Unsterblichkeit gemacht haben.

Auf der anderen Seite gibt es Menschen, die große Angst davor haben, ewig leben zu müssen. Wenn ein Richter dich zu ewigem Leben verurteilen würde, wärest du dann glücklich? Es gibt diejenigen, die sich nach *bhava* (Sein) sehnen, und es gibt diejenigen, die sich nach *abhava* (Nichtsein) sehnen, zum Beispiel Menschen, die Selbstmord begehen. Bhava und Abhava sind beides Vorstellungen. Nirvāṇa geht über Sein und Nichtsein hinaus. Sobald wir mit Nirvāṇa in Berührung kommen, geben wir Sein und Nichtsein auf.

Es gibt keinen Ort für das Geschaffene und keinen für das Bedingte.

In Plum Village haben wir ein Gedicht für die Atem-, Geh- und Sitzmeditation. Das Gedicht beginnt mit der dualistischen Vorstellung, dass es einen Buddha und ein Ich gibt.

Lass den Buddha atmen.
Lass den Buddha gehen.
Ich brauche nicht zu atmen.
Ich brauche nicht zu gehen.

Wir benötigen diese Zeilen, weil wir alle eine faule Ader haben und manchmal spüren, dass die Praxis ein wenig schwierig ist. Also lassen wir sie den Buddha für uns tun.

Als eine Schülerin oder ein Nachkomme des Buddha haben wir die Lehren des Buddha gehört und haben sie in die Praxis umgesetzt, was bedeutet, dass wir verstanden haben, dass der Buddha in jeder Zelle unseres Körpers ist. Der Buddha ist in uns, nicht außerhalb von uns. Wir sind faul, also lassen wir den Buddha atmen, wir lassen den Buddha gehen, und wir selbst brauchen nicht zu atmen oder zu gehen. Der Buddha ist sehr fleißig, und wenn er aufgefordert wird, zu atmen oder zu gehen, tut er es sofort. Ich praktiziere seit vielen Jahren mit dem folgenden Gedicht und kann immer wieder feststellen, wie wirksam es ist.

Lass den Buddha atmen.
Lass den Buddha sitzen.
Ich brauche nicht zu atmen.
Ich brauche nicht zu sitzen.

Lass den Buddha atmen.
Lass den Buddha gehen.
Ich brauche nicht zu atmen.
Ich brauche nicht zu gehen.

Lass den Buddha atmen.
Lass den Buddha ruhen.
Ich brauche nicht zu atmen.
Ich brauche nicht zu ruhen.

Es ist Ruhezeit, aber wir können nicht ruhen. Wir haben uns auf unser Bett gelegt, aber wir können uns nicht entspannen. Wenn also der Buddha atmet und ruht, haben wir die Möglichkeit, zu atmen und zu ruhen.

Das Gedicht geht weiter:

Der Buddha atmet.
Der Buddha geht.
Ich genieße das Atmen.
Ich genieße das Gehen.

Der Buddha atmet.
Der Buddha sitzt.
Ich genieße das Atmen.
Ich genieße das Sitzen.

Der Buddha atmet.
Der Buddha ruht.
Ich genieße das Atmen.
Ich genieße das Ruhen.

Dies ist der einfachste Teil des Gedichts, und er kann uns sehr glücklich machen. Wann immer ich diese Zeilen geübt habe, ist mir das gelungen. Das Gedicht geht weiter:

Buddha ist das Atmen.
Buddha ist das Gehen.
Ich bin das Atmen.
Ich bin das Gehen.

Mit diesen Zeilen beginnt die Einsicht in das Nichtselbst. Am Anfang denken wir, dass der Buddha und das Atmen getrennte Dinge seien. Es gibt jemanden namens »Buddha« und eine Aktivität namens »Atmen«. Es gibt jemanden namens »Ich« und eine »Praxis«, die ich ausübe. Jetzt sehen wir sehr deutlich, dass, wenn der Buddha atmet, die Atmung von hoher Qualität ist, achtsam und entspannt. Wir sehen, dass der Buddha in dieser Atmung gegenwärtig ist, und wir brauchen nicht außerhalb dieser Atmung nach dem Buddha zu suchen. Es gibt keine Atmenden, es gibt nur den Atem. Wenn wir dem Buddha erlauben zu atmen, atmet er sehr gut, und in der hohen Qualität dieses Atmens erkennen wir den Buddha. Außerhalb dieser Atmung gibt es keinen Buddha. Zu sagen, dass es jemanden gibt, der atmet, und dass es Atmen gibt, ist nicht korrekt. Wer ist Buddha? Buddha ist das Gehen, das Atmen, das Sitzen. Wir müssen den Buddha in dieser Atmung und in dieser Sitzhaltung erkennen, denn jemand anderes würde nicht auf diese Weise atmen und sitzen. Nur Buddha atmet und sitzt auf diese Weise. Außerhalb dieser Atmung und dieser Sitzhaltung gibt es keinen eigenständigen Buddha als Subjekt. An diesem Punkt sehen wir, dass es für das Geschehen des Atmens, Gehens und Sitzens keines atmenden, gehenden und sitzenden Subjekts bedarf.

Wir sagen: »Der Regen regnet. Der Wind weht.« Aber wie wir gesehen haben, kann etwas, das nicht regnet, nicht Regen genannt werden. Etwas, das nicht weht, kann man nicht als Wind bezeichnen. Wir müssen kein Subjekt erfinden, das regnet. Wenn wir uns ein Puppentheater anschauen, sehen wir, wie die Puppen sich bewegen, und das liegt an der Hand des Künstlers hinter der Bühne. Im Fall des Regens oder des Windes gibt es niemanden dahinter, der den Regen regnen oder den Wind wehen lässt. Der Wind ist das Wehen. Niemand lässt den Regen regnen. Der Regen ist das Regnen.

Wenn wir mit diesen Versen üben, sind wir mit der Wahrheit in Berührung, dass es nur das Atmen gibt, dass es nur das Gehen gibt und dass die Qualität unseres Atmens und Gehens sehr hoch ist. Wir werden den Buddha nirgendwo anders finden als in diesem Atmen und Gehen. Wenn wir mit der Praxis beginnen, sind wir und Buddha zwei getrennte Entitäten. Aber wenn wir zu dem Vers kommen: »Buddha ist das Atmen. Buddha ist das Gehen. Ich bin das Atmen. Ich bin das Gehen«, sind Buddha und wir eins geworden. Es gibt nur die Handlung; es gibt keine Handelnden. Dies wird das Nichtgemachte, das Ungeschaffene, genannt.

Es gibt nur das Atmen.
Es gibt nur das Gehen.
Es gibt niemanden, der atmet.
Es gibt niemanden, die geht.

Wenn wir sehen, dass wir nicht länger ein Subjekt brauchen, das außerhalb der Handlung steht, verstehen wir Nichtselbst. Nichtselbst verwirklichen ist Nirvāṇa verwirklichen. Obwohl diese Praxis sehr einfach ist, verschafft sie uns viel Glück und hilft uns, mit dem Ungeborenen in Berührung zu sein.

An dem klösterlichen Retreat, das wir in Plum Village in Thailand organisiert haben, nahmen eine Reihe von Theravāda-Mönchen teil. Sie praktizierten nicht den Reinen-Land-Buddhismus, wie es die meisten vietnamesischen Buddhistinnen und Buddhisten tun. Hätten wir gesagt: »Mit jedem Schritt können wir das Reine Land berühren«, hätten sie es nicht verstanden. Also haben wir den Satz geändert in: »Mit jedem Schritt berühren wir das Ungeborene.« Das Ungeborene und Nirvāṇa sind ein und dasselbe.

Das Gehen geschieht, aber es gibt niemanden, der geht. Derjenige, der geht, kann nicht vom Gehen getrennt sein. Außerhalb des Atmens und des Gehens gibt es niemanden, die atmet und geht. Die Sarvāstivāda-Schule behauptet, dass es kein Selbst gebe, sondern nur Phänomene. Mit anderen Worten, es gibt keinen Atmenden, aber es gibt das Atmen. Es gibt keine Gehende, aber es gibt das Gehen. Es gibt keinen Sitzenden, aber es gibt das Sitzen. Es gibt niemanden, die den Spaziergang genießt, aber es gibt das Genießen des Spaziergangs. Wenn du diese Einsicht verstehst, gibt es nichts Geschaffenes oder Gemachtes, nichts Bedingtes, kein Sein und kein Nichtsein mehr.

Es gibt nur das sanfte Atmen.
Es gibt nur das Genießen des Spaziergangs.
Es gibt niemanden, der sanft atmet.
Es gibt niemanden, die den Spaziergang genießt.

Wir brauchen kein Subjekt neben dem Verb. Es gibt die Handlung, aber sie braucht keinen Handelnden. Das Atmen, das Gehen finden statt, aber es gibt kein Selbst, das sich hinter der Handlung verbirgt und sie möglich macht. Es gibt Denken, Denken findet statt, aber es gibt niemanden, die sich hinter dem Denken verbirgt.

Frieden beim sanften Atmen.
Glück, während man spazieren geht.
Frieden ist das sanfte Atmen.
Glück ist das Spazierengehen.

Frieden und Glück sind Realitäten. Frieden, Glück, sanftes Atmen und Spazierengehen sind möglich. Doch nichts davon braucht ein Subjekt, das sich hinter ihnen versteckt wie die Hände der Puppenspielerin, die die Puppe bewegen.

Dieses Gāthā ist sehr einfach, aber auch sehr tiefgreifend. Wenn man das Ungeborene erkennt, gibt es kein Sein mehr (was auch bedeutet, kein Nichtsein mehr), keinen Handelnden und kein Tun, keine Handlung und keine Schöpfung.

VERS 15

Jemand, der Geburt, Sein, Geschaffenes und
Bedingtes wahrnimmt,
hat die Essenz noch nicht erreicht.
Wenn du die Natur von Keine-Geburt verstehen kannst,
wirst du Sein, Geschaffenes und Bedingtes nicht
wahrnehmen.

生 有 作 行 者
是 為 不 得 要
若 已 解 不 生
不 有 不 作 行

Jemand, der Geburt, Sein, Geschaffenes und Bedingtes wahrnimmt, hat die Essenz noch nicht erreicht.

Solange man sieht, dass es Geburt, Sein, Handelnde und Praktizierende gibt, hat man die Essenz, das heißt die tiefste Einsicht noch nicht verwirklicht.

Wenn du die Natur von Keine-Geburt verstehen kannst,
wirst du Sein, Geschaffenes und Bedingtes nicht wahrnehmen.

Mit dem Verständnis, dass es keine Geburt und keinen Tod gibt, geht die Erkenntnis einher, dass es kein Sein und kein Nichtsein, kein Geschaffenes und kein Bedingtes mehr gibt. Das Zeichen 作 *(zuo)*, »geschaffen«, »gemacht«, bedeutet »handeln« und »schaffen«. 行 *(xing)*, »bedingt«, bezeichnet die psychischen und physischen Phänomene, die wir als wirkliche, dauerhafte Substanzen und unabhängige Entitäten ansehen, die sich außerhalb voneinander befinden. Sie sind vom Bewusstsein geschaffene Bilder und nicht die wahre Natur der Gebilde. Die wahre Natur der Gebilde sind bedingtes Entstehen, »Intersein«, Abhängigkeit von anderem *(paratantra)* und die erfüllte Natur.

VERS 16

Weil es Sein gibt, muss es Geburt geben.
Und weil es Geburt gibt, setzt sich das Sein fort.
Wenn es Geschaffenes und Bedingtes gibt, gibt es Tod und Geburt.
Offen ist dann das Tor von Geburt und Tod, es führt zum Entstehen aller Phänomene.

則 生 有 得 要
從 生 有 已 起
作 行 致 死 生
為 開 為 法 果

Weil es Sein gibt, muss es Geburt geben.
Und weil es Geburt gibt, setzt sich das Sein fort.

Das Sein hat ein Standbein in der Welt, weil es Geburt gibt. Die Vorstellung von Geburt und Tod beinhaltet die Vorstellung von Sein und Nichtsein. Die Vorstellungen, etwas zu tun (das Geschaffene) oder etwas zu bedingen (das Bedingte), führen ebenfalls zu der Vorstellung eines Kreislaufs von Geburt und Tod, Saṃsāra. Das Geschaffene, Gemachte bedeutet Handlung, und das Bedingte bedeutet die Entstehung bedingter Phänomene *(saṃskṛtadharma).*

Wenn es Geschaffenes und Bedingtes gibt,
gibt es Tod und Geburt.
Offen ist dann das Tor von Geburt und Tod,
es führt zum Entstehen aller Phänomene.

Aufgrund unserer Vorstellungen von Sein und Nichtsein können wir nicht anders, als Vorstellungen von Geburt und Tod zu haben, und aufgrund dieser Vorstellungen von Geburt und Tod entstehen Vorstellungen von Sein und Nichtsein. Phänomene entstehen aus unserem unterscheidenden Geist heraus. Die Frucht unserer Unterscheidung von eigenständigem Selbst, eigenständigen Phänomenen, eigenständigen Handlungen und Gebilden ist Leiden.

VERS 17

Alles lebt aufgrund von Nahrung.
Selbst Glück und Traurigkeit brauchen Nahrung, um zu überleben.

Ist die unverzichtbare Nahrung nicht vorhanden,
gibt es keine Spur von Gebilden mehr zu entdecken.

從 食 因 緣 有
從 食 致 憂 樂
而 此 要 滅 者
無 復 念 行 迹

Alles lebt aufgrund von Nahrung.
Selbst Glück und Traurigkeit brauchen Nahrung,
um zu überleben.

Alles, einschließlich unserer Vorstellungen von Sein *(bhava)* und Nichtsein *(abhava)*, wird durch eine der vier Arten von Nahrung hervorgerufen und bedingt: essbare Nahrung, Sinneseindrücke, Willenskraft und Bewusstsein.[30] Nichts kann ohne Nahrung überleben, und als Ergebnis der einen oder anderen Art von Nahrung können Ängste oder Glück entstehen. Die Nahrung, die Sein und Nichtsein nährt, ist eine besondere Art von Unwissenheit, die in unserem Bewusstsein entsteht und uns glauben lässt, dass Gebilde eigenständige Entitäten seien: dass es ein Selbst getrennt von den Phänomenen gebe.

---

30 Mehr über die vier Arten von Nahrung finden Sie in Thich Nhat Hanh, *Achtsam arbeiten, achtsam leben: Der buddhistische Weg zu einem erfüllten Tag*, O.W. Barth Verlag, München 2019.

Ist die unverzichtbare Nahrung nicht vorhanden, gibt es keine Spur von Gebilden mehr zu entdecken.

Leiden dauert an, weil wir es nähren. Um unser Glück zu erhalten, müssen wir unser Glück nähren. Ängste oder Glück sind auf verschiedene Arten von Nahrung angewiesen. Leiden wir unter Depressionen, ist das kein Zufall. Es liegt daran, dass wir die Art von Nahrung zu uns genommen haben, die zu Depressionen führt. Wenn wir uns eingehend mit den vier Arten von Nahrung beschäftigen, können wir herausfinden, welche Art von Nahrung an der Wurzel unserer Depression liegt. Durch unsere Entschlossenheit, sie nicht mehr zu uns zu nehmen, können wir die Depression beseitigen, sodass sie keine Spuren hinterlässt.[31]

Es gibt dann keine Spuren von Gebilden mehr, die wir entdecken könnten. Wir haben eine falsche Vorstellung von Gebilden, sehen unser Selbst und die Phänomene als getrennte Entitäten an, und das bindet uns. Wenn wir erkennen, dass die Natur der Gebilde bedingtes Entstehen, Nichtselbst, »Intersein« ist, dann befreit uns das, und wir können Nirvāṇa erkennen.

Obwohl das Thema dieses Sūtra Nirvāṇa ist, verliert es sich nicht in metaphysischen Spekulationen. Es enthält sehr praktische Lehren, die wir selbst erfahren und erproben können.

---

31 Bei einer schwerwiegenden Depression sollte dies mit psychotherapeutischer Begleitung erfolgen. Es braucht dazu starke Entschlossenheit und Zeit, aber es gibt Menschen, die es geschafft haben. (Anm. d. engl. Übers.)

VERS 18

Wenn das Leiden endet und die Gebilde zur Ruhe
gekommen sind,
wird das Glück in aller Stille da sein, und es wird
Frieden herrschen.
O Bhikshus, dies habe ich erkannt,
und so strebe ich nicht mehr danach, in einen bestimmten
Bereich zu gelangen.

諸 苦 法 已 盡
行 滅 湛 然 安
比 丘 吾 已 知
無 復 諸 入 地

Wenn das Leiden endet und die Gebilde zur Ruhe gekommen sind,
wird das Glück in aller Stille da sein, und es wird Frieden herrschen.

Die Leid verursachenden Phänomene wie Unwissenheit, Wut, Vernarrtheit, Sorgen, Kummer und Angst sind zu einem Ende gekommen und somit hat das Leiden aufgehört. Die Gebilde sind alle zur Ruhe gekommen. Das Zeichen 滅 *(mie)* sollte hier als »still«, »zur Ruhe gekommen«, »ruhig geworden« verstanden werden. Es bedeutet hier nicht »Beendigung«, »Aufhören«. 滅 bezieht sich auf die stillen, ruhigen, frischen, schützenden Eigenschaften von Nirvāṇa.

Gebilde *(saṃskāra)* sind Phänomene wie Berge, Flüsse, der Mond, die Sonne, die Menschen, die Vögel, die Pflanzen, unser Körper, die Erde und die Felsen. Eine Blume ist ein Gebilde, weil sie aus vielen Elementen besteht, wie Erde, Wasser, Feuer, Luft, Hitze und dem Gärtner. Der Tisch, der Berg, die Sterne sind ebenfalls Gebilde, sogenannte physische Gebilde. Unser Körper ist ein physiologisches Gebilde. Unsere Wut, Traurigkeit und Freude werden geistige Gebilde genannt. Alle Gebilde können Leiden verursachen, wenn wir an ihnen hängen oder eine falsche Vorstellung von ihnen haben.

Wir verstehen im Allgemeinen die Natur der Gebilde nicht. Sie sind unbeständig, aber wir meinen, sie wären dauerhaft. Sie haben kein eigenständiges Selbst, aber wir meinen, sie hätten eins. Es sind diese falschen Wahrnehmungen und Auffassungen, die zu Leiden führen, es sind nicht die Gebilde selbst, die uns Leid bereiten. Wir leiden unter unserem Körper, weil wir eine falsche Wahrnehmung von ihm haben. Nicht das Objekt, dem wir begierig nachjagen, lässt uns leiden; vielmehr haften wir an ihm aufgrund unserer falschen Auffassung. Eben wegen unserer falschen Vorstellung von diesem begehrten Objekt haben wir einen begehrenden Geist. Und dieser begehrende oder verblendete Geist lässt uns leiden, nicht das Objekt unserer Begierde. Nicht Ruhm und Profit lassen uns leiden, sondern die Art und Weise, wie wir Ruhm und Gewinn verstehen.

Die Metapher von dem Mann, der einen Stein nach dem Hund wirft, illustriert das Gemeinte gut. Es ist nicht die Schuld des Steins, dass er den Hund verletzt; die Verantwortung für das Leiden des Hundes liegt bei dem Mann, der den Stein wirft. Aus Unwissenheit meint der Hund, der Stein sei sein Feind. Wenn wir leiden, glauben wir, dass diese Welt, unser Körper, unsere fünf Skandhas daran schuld seien. In Wahrheit liegt unser Leid nur daran, dass wir eine falsche Vorstellung von der Welt und unseren fünf Skandhas haben.

Wenn es im Sūtra heißt, dass die Gebilde zur Ruhe gekommen sind, bedeutet dies, dass unsere falschen Wahrnehmungen bezüglich der Gebilde nicht mehr vorhanden sind. Die Gebilde sind noch da, aber wir leiden nicht mehr unter ihnen. Wir sehen, hören und denken weiterhin, aber unser Sehen, Hören oder Denken ist nicht mehr fehlerhaft, und wir leiden auch nicht mehr. Wenn die falschen Wahrnehmungen nicht mehr da sind, entstehen Frieden, Reinheit und Stille. Das ist Nirvāṇa.

O Bhikshus, dies habe ich erkannt,

Der Buddha hat seine wahre Natur erkannt. Wir wissen nicht, wer wir sind. In der Zen-Schule stellt man als *kōan* die Frage: »Wer bist du?« Ein anderes viel verwendetes Kōan in China ist: »Wer ist es, der oder die den Namen des Buddha anruft?« Dieses Kōan hat die Form einer Frage. Du rufst den Namen des Buddha an, aber weißt du, wer du bist? Wir praktizieren, um tief zu schauen und zu erkennen, wer wir sind. Aber in diesem Kōan fehlt etwas, und viele Menschen können es nicht lösen, weil sie nicht wissen, wie sie das Fehlende einfügen können. Das Problem ist, dass wir fragen: »Wer ruft den Buddha an?«, aber wir fragen nicht: »Wer ist der Buddha, dessen Namen wir anrufen?« Das Kōan geht davon aus, dass wir bereits wissen, wer der Buddha ist, aber dass wir nicht wissen, wer wir sind. Es gibt den Buddha und es gibt die Person, die seinen Namen anruft. In Wahrheit wissen wir nicht, wer Buddha ist. Ich möchte vorschlagen, dass wir ein zweites Kōan hinzufügen: »Wer ist der Buddha?«

Wenn wir wissen, wer wir sind, wissen wir auch, wer der Buddha ist, und wenn wir wissen, wer der Buddha ist, wissen wir auch, wer wir sind. Diese beiden Fragen »Wer ruft an?« und »Wer ist der Buddha?« sind in Wirklichkeit eine Frage.

Wir haben bereits gelernt, wie man entsprechend der Übung meditiert:

Buddha ist das Atmen.
Buddha ist das Gehen.
Ich bin das Atmen.
Ich bin das Gehen.

Gibt es außerhalb des Gehens und Atmens jemand, der oder die geht und atmet? Wir meinen immer, es müsse, damit eine Handlung stattfinden kann, ein Subjekt geben, das eine Handlung ausführt. Der Einsicht in das Nichtselbst zufolge gibt es die Praxis, ohne dass es einen Praktizierenden gibt, und es gibt Handlungen, ohne dass es eine Handelnde geben muss. Wenn wir sagen: »Der Wind weht«, meinen wir, dass es Wind gibt und jemanden, der weht, aber in Wirklichkeit ist da nur der Wind und niemand, der weht. Man kann keinen nicht wehenden Wind haben. Wir brauchen also nur zu sagen: »Da ist Wind.« Wir brauchen kein Subjekt, das den Wind weht.

Genauso kann der Namen des Buddha angerufen werden, ohne ein Subjekt, das den Namen des Buddha anruft. Es findet nur die Besinnung auf den Namen des Buddha statt. Besinnung ist ein geistiges Gebilde. Darin eingeschlossen sind der oder die Sichbesinnende und die Besinnung. Besinnung ist immer die Besinnung auf etwas, wie die Besinnung auf den Atem oder auf die Schritte oder auf den Buddha. Es gibt das Subjekt, das sich besinnt, und das Objekt, auf das sich besonnen wird, aber beide sind in der Besinnung enthalten, denn es ist unmöglich, dass ein Subjekt ohne ein Objekt ist. Der Buddha hat gelehrt, dass es überall, wo es ein Subjekt gibt, auch ein Objekt gibt, und wo immer es ein Objekt gibt, gibt es auch ein Subjekt. Subjekt und Objekt gehören stets zusammen. Es kann kein Subjekt geben, welches für sich alleine steht und das wir dann zum Objekt der Besinnung bringen, so wie wir mit einem Lineal zum Tisch gehen, um ihn auszumessen. Unser Geist umfasst das Subjekt und das Objekt. Wenn du sagst, dass der Geist nur das Subjekt sei, ist das ein grundlegender Irrtum, dem sogar einige heutige Wissenschaftlerinnen und Wissenschaftler noch anheimfallen. Einigen wissenschaftlichen Schulen zufolge gibt es einen Geist in uns, und er entscheidet sich dafür, sich nach außen zu wenden und die objektive Welt außerhalb seiner selbst wahrzunehmen. Diese dualistische Auffassung besagt, dass der Geist unabhängig vom Objekt des Geistes existiert. Es gibt aber bereits Wissenschaftlerinnen und Wissenschaftler, die diesen Dualismus zwischen Subjekt und Objekt überwunden haben.

Wenn wir fragen: »Wer ruft den Namen des Buddha an?«, dann bedeutet das, dass wir diejenige, die anruft, und denjenigen, dessen Namen angerufen wird, als zwei getrennte Realitäten ansehen. Uns selbst und den Buddha als zwei getrennte Realitäten zu sehen ist eine falsche Sichtweise. Besinnung, Erinnerung, ist ein geistiges Gebilde und jedes geistige Gebilde enthält sowohl das Subjekt als auch das Objekt. Wenn man sich auf den Buddha besinnt, sind diejenige, die sich besinnt, und derjenige, auf den sich besonnen wird, beide in der Besinnung gegenwärtig. Wir brauchen niemanden, der außerhalb der Besinnung steht, um die Arbeit der Besinnung zu tun, so wie wir im Falle des Windes niemanden brauchen, der außerhalb des Windes ist und weht. Das ist tiefgreifende Psychologie.

Unsere Praxis des Gāthā »Lass den Buddha atmen« ist sehr hilfreich. Am Anfang sehen wir uns selbst und den Buddha als zwei getrennte Realitäten:

Der Buddha atmet.
Der Buddha geht.
Ich genieße das Atmen.
Ich genieße das Gehen.

Aber später entdecken wir:

Buddha ist das Atmen.
Buddha ist das Gehen.
Ich bin das Atmen.
Ich bin das Gehen.

Außerhalb des Atmens und Gehens gibt es keinen Buddha und kein Ich. Sowohl der Buddha als auch das Ich sind im Gehen und Atmen zu finden. Wenn der Buddha atmet, ist der Atem von hoher Qualität, und weil das so ist, wissen wir, dass der Buddha im Atmen gegenwärtig ist.

und so strebe ich nicht mehr danach, in einen bestimmten Bereich zu gelangen.

Wenn wir wissen, wer wir sind, brauchen wir dieser Verszeile zufolge keinen bestimmten Bereich mehr, in den wir gelangen müssten, selbst Nirvāṇa nicht. Viele glauben, nach dem Tod in einen Bereich zu gelangen wie die Hölle oder den Himmel, das Reich der einen oder anderen Gottheit oder das Reine Land. Das ist eine dualistische Sichtweise: Da ist eine Person, und diese wird in diesen oder jenen Bereich gehen. Wenn wir Nichtselbst verstehen, brauchen wir nicht zu kommen oder zu gehen. Wir müssen uns keine Sorgen machen, wohin wir gehen werden, denn es gibt niemanden, der oder die kommt oder geht.

In diesem Vers ist Nirvāṇa etwas sehr Konkretes. Wenn man weiß, wer man ist, braucht man sich keine Gedanken darüber zu machen, wohin man gehen wird, sei es ins Reine Land, ins Paradies oder nach Sukhāvatī (das Land der großen Glückseligkeit).

VERS 19

Es gibt keinen Bereich des unendlichen Raums.
Keinen Ort, an den wir gelangen müssten.
Kein Hinwenden zum Bereich von Weder-Wahrnehmung-noch-Nichtwahrnehmung.
Es gibt weder dieses Leben noch das nächste Leben.

無 有 虛 空 入
無 諸 入 用 入
無 想 不 想 入
無 今 世 後 世

Es gibt keinen Bereich des unendlichen Raums.
Keinen Ort, an den wir gelangen müssten.
Kein Hinwenden zum Bereich von Weder-Wahrnehmung-noch-Nichtwahrnehmung.

Während der meditativen Konzentration ist es möglich, in einen formlosen Bereich zu gelangen, der unendlicher Raum genannt wird *(ākāśa-anantya)*. Dieser Bereich ist ein Zustand meditativer Konzentration. Die Bereiche des unendlichen Raums, des unendlichen Bewusstseins, der Nichtsheit und von Weder-Wahrnehmung-noch-Nichtwahrnehmung sind die vier Objekte der formlosen *(arūpa)* Konzentration. Es gibt nichts, was man unendlichen Raum nennen könnte, in den zu gelangen wäre, weil es keine Person gibt, die in ihn gelangen könnte. Das Gelangen enthält das Subjekt, das eintritt, und das Objekt, das betreten wird. Solange wir ein eintretendes Subjekt und ein betretenes Objekt als zwei voneinander getrennte Dinge betrachten, haben wir die Wahrheit noch nicht verstanden. Wenn wir wissen, wer wir sind, befähigt uns das, die Vorstellung von einem getrennten Subjekt und Objekt zu überwinden. Wenn es kein »Ich« gibt, das eintritt, brauchen wir uns auch nicht um den Bereich zu sorgen, den »ich« betrete.

Es gibt weder dieses Leben noch das nächste Leben.

Es gibt weder dieses noch ein nächstes Leben; es gibt keinen Unterschied zwischen Gegenwart und Zukunft, denn wir haben das Konzept von Zeit und Raum transzendiert. Nirvāṇa ist die Freiheit, die nicht durch Zeit und Raum begrenzt ist. Es gibt wissenschaftliche Theorien über den Beginn des Universums und den Beginn der Zeit, wie zum Beispiel die Urknalltheorie. Ob es einen Urknall gegeben hat oder nicht, ist nicht wichtig.

Es gibt keinen Anfang und kein Ende, es gibt nicht diesen Ort oder jenen Ort. Heutzutage gibt es Theorien, denen zufolge sich das Universum ausdehnt und zusammenzieht. In Nirvāṇa gibt es keine Kontraktion und Expansion, keine Zukunft und keine Vergangenheit.

Dieses Sūtra über Nirvāṇa ist keine metaphysische Abhandlung. Es ist auf eine sehr praktische Weise mit unserem täglichen Leben verbunden. Wir sollten das Nirvāṇa-Kapitel in diesem Geist studieren, denn Buddhismus sollte immer angewandter Buddhismus sein. Nirvāṇa bedeutet vor allem »Kühle«, die Abwesenheit von Hitze und Brennen. Begierde, Angst und Hass brennen, und solange sie brennen, kann es kein Nirvāṇa geben. Nirvāṇa ist das Erlöschen dieser Flammen.

Die buddhistische Psychologie spricht von den geistigen Gebilden der Begierde und des Hasses. Wenn Begierde und Hass brennen, gibt es Hitze. Doch in der buddhistischen Psychologie gibt es auch die geistigen Gebilde des Nichtverlangens und Nichthasses. Es gibt Momente, in denen wir nicht von den Feuern des Verlangens und des Hasses verbrannt werden. Nirvāṇa ist da, wenn sich die geistigen Gebilde des Nichtverlangens und Nichthasses manifestieren. Nirvāṇa ist uns nicht völlig fern, es ist keine Abstraktion in einer metaphysischen Welt. Es ist kein Gegenstand der Philosophie. Es ist das Objekt unserer täglichen Praxis. Wenn es Begierde und Hass gibt, ist Nirvāṇa nicht da. Bei Nichtverlangen und Nichthass ist Nirvāṇa da.

In unserem täglichen Leben gibt es Zeiten, in denen Nirvāṇa gegenwärtig ist, und Zeiten, in denen das nicht so ist. Das hängt davon ab, was unser Geist wählt. Vögel würden nicht wählen, in ihrem Käfig zu bleiben, wenn sie sich in die Lüfte erheben könnten, noch würde sich das Wild dafür entscheiden, in einem Zoo zu leben, wenn es in der freien Natur umherstreifen könnte. Es liegt an uns, ob wir uns für die Weite von Kühle und Freiheit entscheiden oder nicht.

Die erste Definition von Nirvāṇa ist das Auslöschen und Abkühlen der Feuer des Leidens. Es gibt eine Bodhisattva, deren Namen »Erfrischung der Erde« oder »Abkühlen der Erde« lautet.[32] Wir brauchen diese Bodhisattva sehr und sollten sie bitten, in dieser Zeit der globalen Erwärmung unverzüglich zu uns zu kommen. Wenn die Bodhisattva »Abkühlen der Erde« in jedem Moment unseres täglichen Lebens für uns präsent ist, dann haben wir Nirvāṇa. Nirvāṇa ist nichts Fernes, auf das wir zehn oder zwanzig Jahre warten müssten. Nirvāṇa ist die Abwesenheit der heißen Flammen von Begierde, Hass und Misstrauen.

Die zweite Definition von Nirvāṇa ist die Abwesenheit von falschen Wahrnehmungen oder dualistischem Greifen. Dualistisches Greifen bedeutet, den Geist außerhalb seines Objekts zu sehen, das Innen unabhängig vom Außen, uns als unabhängig von anderen, das Subjekt unabhängig vom Objekt. Dualistische Sichtweisen verursachen Leiden und falsche Wahrnehmungen. Nirvāṇa ist die Abwesenheit der Hindernisse der Geistesplagen *(kleśa-āvaraṇa)* und des Gewussten (des Gefangenseins in unseren Wahrnehmungen – *jñeya-āvaraṇa*). Die Geistesplagen sind unter anderem Begierde, Hass, Unwissenheit, Komplexe und Zweifel. Das Hindernis des Gewussten ist das Gefangensein in

32 Bodhisattvas sind eine Manifestation des menschlichen Bewusstseins. Es gibt Menschen, die sich als Bodhisattva »Abkühlen der Erde« manifestieren. Wir brauchen mehr Menschen, die sich so manifestieren, und wir können diese Bodhisattva anrufen, damit sie sich in unserem eigenen Herzen manifestiert. (Anm. d. engl. Übers.)

den Wahrnehmungen. Die falschen Wahrnehmungen oder Sichtweisen sind: die Persönlichkeitssicht, extreme Ansichten, falsche Ansichten, das Festhalten an unseren eigenen Ansichten und das Festhalten an Riten und Ritualen. Verwirklichen wir Nichtselbst, überwinden wir die Persönlichkeitssicht und verwirklichen Nirvāṇa.

Wenn wir die nichtduale Natur von Gegenwart und Zukunft erkennen, verwirklichen wir das Zeitlose; wir haben nicht länger die Tendenz, Partei zu ergreifen und wertend zu unterscheiden. An diesem Punkt gibt es keine Fragen mehr über den Ursprung des Universums, darüber, wer das Universum erschaffen hat oder was übrig bleiben wird, wenn das Universum endet, ebenso wenig wie es noch gegensätzliche Konzepte wie Sein und Nichtsein, Bleiben und Verschwinden, Kommen und Gehen gibt. Wir haben keine Ängste *(aśoka)* mehr und genießen unsere Zeit im Letztendlichen voll und ganz.

VERS 20

Es gibt keine Vorstellungen über das Dasein von
Sonne und Mond.
Es gibt kein Gehen und kein Zurückbleiben.
Kein eigenständiges Selbst, das gehen und
zurückkehren kann.
Also gibt es auch kein Gehen und Zurückkehren.

亦 無 日 月 想
無 往 無 所 懸
我 已 無 往 反
不 去 而 不 來

Es gibt keine Vorstellungen über das Dasein von Sonne und Mond.

Diese Zeile ist für Astrophysiker gedacht. Wir stellen uns vor, dass es Galaxien, Welten und Sterne Tausende oder Millionen von Lichtjahren entfernt irgendwo da draußen im Weltraum ganz getrennt von unserem Bewusstsein gibt. Wenn wir Nichtdualität oder Nirvāṇa verstehen, verfangen wir uns nicht mehr in unseren Auffassungen von Sonne und Mond als Realitäten außerhalb unseres Bewusstseins.

Es gibt kein Gehen und kein Zurückbleiben.
Kein eigenständiges Selbst, das gehen und zurückkehren kann.
Also gibt es auch kein Gehen und Zurückkehren.

Wenn es kein Selbst gibt, wie sollten dann Gehen und Zurückkehren möglich sein? Der Buddha wird der *Tathāgata* genannt, was bedeutet, nicht von irgendwoher kommen und nirgendwohin gehen. Es ist nicht nur die Natur des Buddha, nicht zu kommen und nicht zu gehen; wir sind von gleicher Natur.

VERS 21

An dem Ort, an dem nichts verloren geht und nichts andauert, um wiedergeboren zu werden, dort ist Nirvāṇa.
Durch und durch ergründet ist dann die Frage,
ob es ein Objekt der Wahrnehmung gibt oder nicht,
ebenso wie die Frage nach der Natur von Leiden und Glück.

不沒不復生
是際為泥洹
如是像無像
苦樂為以解

***An dem Ort, an dem nichts verloren geht
und nichts andauert,
um wiedergeboren zu werden, dort ist Nirvāṇa.***

»Nichts geht verloren« bedeutet, dass etwas nicht zu Nichts werden kann, weil Sein und Nichtsein nur Vorstellungen sind. Hier gehen wir über Sein und Nichtsein hinaus. »Nichts dauert an, um wiedergeboren zu werden« bedeutet, dass wir nicht wiedergeboren werden, weil es keine Geburt und keinen Tod gibt.

Der Bereich von Nirvāṇa ist die Welt von Kein-Sein und Kein-Nichtsein, Keine-Geburt und Kein-Tod. Nirvāṇa ist da für uns. Es liegt an uns, ob wir es wollen. Der Himmel und die Wolken sind immer da für die Vögel; die freie Natur ist immer da für das Wild. Wir haben die Wahl.

***Durch und durch ergründet ist dann die Frage,
ob es ein Objekt der Wahrnehmung gibt oder nicht,
ebenso wie die Frage nach der Natur von
Leiden und Glück.***

Das Objekt der Wahrnehmung kann die Sonne, der Mond oder eine Person sein. Manche Praktizierende sehen das Objekt der Wahrnehmung als etwas sehr Reales außerhalb ihrer selbst. Andere sagen, dass es nur ein Hirngespinst unserer Vorstellungskraft sei. Wenn die Vorstellungen von

»es gibt ein Objekt« oder »es gibt kein Objekt« beseitigt sind, manifestiert sich der Raum von Nirvāṇa.

Die nächste Zeile bedeutet, dass Leiden und Glück auf unseren Vorstellungen beruhen, zum Beispiel auf unseren Vorstellungen von dem, was ist und was nicht ist, davon, dass jemand geboren wird oder stirbt. Wenn wir die Natur von Leiden und Glück tief verstehen und erkennen, wie sie unseren Vorstellungen entspringen, werden wir nicht mehr von ihnen mitgerissen, begrenzt oder gebunden.

VERS 22

Was wir sehen, macht uns keine Angst mehr.
Wir zweifeln nicht mehr an Dingen, die ausgedrückt
oder nicht ausgedrückt werden können.
Ist der Pfeil erst einmal abgeschossen, fällt er die
Vorstellungen von Sein und Nichtsein.
In der Begegnung mit einem Unverständigen hast du
nicht das Gefühl, erklären zu müssen.

所 見 不 復 恐
無 言 言 無 疑
斷 有 之 射 箭
遘 愚 無 所 猗

Was wir sehen, macht uns keine Angst mehr.
Wir zweifeln nicht mehr an Dingen, die ausgedrückt oder nicht ausgedrückt werden können.

Erinnerst du dich an den Vers:

Das Wild sucht Zuflucht in der freien Natur,
Vögel suchen sie im Himmel ...
Der wahre Mensch braucht Nirvāṇa, um in Freiheit zu leben.

Nirvāṇa ist der Ort der Freiheit. Nirvāṇa ist hier im gegenwärtigen Moment. Es liegt an uns, ob wir uns dafür entscheiden, immerfort beschäftigt, besorgt und ängstlich zu sein, oder ob wir, durch die Art, wie wir praktizieren, die Freiheit von Nirvāṇa wählen. Es gibt zwei Möglichkeiten, um durch unsere Praxis mit Nirvāṇa in Berührung zu kommen. Die erste ist die Praxis der Transformation der uns verzehrenden Flammen von Anhaftung, Hass, Misstrauen und Zweifel. Sind sie transformiert, fühlen wir uns erfrischt und zutiefst gelassen – und das ist Nirvāṇa.

Der zweite Weg der Praxis besteht darin, die vom dualistischen Denken herrührende Unterscheidung zu beseitigen, die das Innere vom Äußeren trennt, uns selbst von anderen, das Subjekt vom Objekt, das Geistige vom Materiellen. Ohne dualistische Unterscheidung haben wir eine immense Freiheit – und das ist Nirvāṇa. Beim dualistischen Denken, das uns von anderen unterscheidet, vergleichen wir uns stets mit anderen. Wir haben das Gefühl, dass wir schlechter oder besser als oder genauso gut wie eine andere Person sind. Diese drei Arten von Komplexen beruhen alle auf der Unterscheidung zwischen »dir« und »mir«.[33] Wenn wir klar sehen, dass wir und die andere Per-

33 Der Überlegenheitskomplex, der Unterlegenheitskomplex und der Gleichheitskomplex. Auch der Gleichheitskomplex basiert auf dualistischem Denken und dem Vergleich mit anderen.

son miteinander verbunden sind, dass wir »inter« sind, dass wir in ihr sind und sie in uns ist, dann haben wir keinen der drei Komplexe mehr. Die Beseitigung dieser Komplexe gibt uns viel Raum und Freiheit. Nirvāṇa ist verfügbar im gegenwärtigen Moment. Wir müssen nicht darauf warten, dass es aus einem weit entfernten Land in der Zukunft zu uns kommt.

Die Welle leidet, weil sie sich mit anderen Wellen vergleicht und Komplexe hat. Wenn sie weiß, dass sie Wasser ist, weiß sie, dass ihre eigene Natur die Natur aller anderen Wellen ist, und sie leidet nicht mehr darunter, groß oder klein, hoch oder niedrig zu sein. Die Welle muss nicht mehr nach Wasser außerhalb ihrer selbst suchen, weil sie bereits Wasser ist. Wenn wir uns Nirvāṇa als eine Realität außerhalb von uns vorstellen, nach der wir woanders suchen müssten, sind wir immer noch im Dualismus gefangen. Das ist noch nicht Nirvāṇa. Nirvāṇa hat kein Außen und Innen, kein Dies und Jenes.

Es sollte für Christen nicht schwer sein, Gott so zu verstehen, wie Buddhistinnen Nirvāṇa verstehen. Viele christliche Mystiker sprechen von Gott als der Abwesenheit von Brennen und Unterscheidung. Sie sehen Gott nicht als etwas außerhalb ihrer selbst. Sie suchen Gott nicht mehr außerhalb ihrer selbst, sondern erkennen Gott als die Freiheit und das Glück, die in ihrem eigenen Bewusstsein vorhanden sind. Wenn die Flammen der Begierde und des Hasses nicht mehr brennen und das Schwert der Diskriminierung nicht mehr trennt, dann ist das Gott.

Im Jahr 2012 habe ich während eines Retreats an der Nottingham University zu einer Reihe von Journalistinnen und Journalisten gesagt: »Wenn Sie im Westen in der Lage sein werden, Gott wieder an die richtige Stelle zu setzen, dann wird auch alles andere seinen richtigen Platz finden.« Wir setzen Gott an die falsche Stelle, weil wir Gott als eine Realität außerhalb unserer selbst betrachten, mit der wir in Berührung kommen müssen. Diese Art von Dualismus hat die Welt in die geistige Krise geführt, mit der wir es gegenwärtig zu tun haben.

Ist der Pfeil erst einmal abgeschossen, fällt er die Vorstellungen von Sein und Nichtsein.

Die dritte Zeile vergleicht Praktizierende mit Bogenschützen, die einen Pfeil in den Bogen legen und ihn abschießen. Wenn der Pfeil das »Sein« zu Fall gebracht hat, wird gleichzeitig auch das »Nichtsein« zu Fall gebracht, weil sie zusammen ein Gegensatzpaar bilden. Der Theologe Paul Tillich hat von Gott als Seinsgrund gesprochen. Der buddhistischen Sichtweise zufolge ist Sein nur möglich, wenn es Nichtsein gibt. Tillich neigt dazu, Gott auf die Seite des Seins zu stellen, aber wir müssen fragen: »Wenn Gott der Seinsgrund ist, wer oder was ist dann der Nichtseinsgrund?« Gemäß der absoluten Wahrheit gibt es weder eine Vorstellung von Sein noch von Nichtsein. Es wäre falsch zu sagen, Gott sei Sein, und ebenso falsch zu sagen, Gott sei Nichtsein. Gott ist die letztendliche Dimension, die über Sein und Nichtsein hinausgeht, denn Sein und Nichtsein gehören immer noch zum dualistischen Denken. Wenn wir sagen, Gott ist Sein, setzen wir Gott an die falsche Stelle. Es ist falsch zu sagen, dass Gott nicht ist, aber es ist auch falsch zu sagen, dass Gott ist. Gott transzendiert die Vorstellungen von Sein und Nichtsein. Nirvāṇa ist die Abwesenheit der Flammen der Geistesplagen, und es ist die Abwesenheit einander entgegengesetzter Vorstellungen. Das Ziel Meditationspraktizierender ist es nicht, das Nichtsein zu finden, sondern sowohl das Sein als auch das Nichtsein zu transzendieren. Das Ziel Praktizierender ist es, Keine-Geburt zu verwirklichen. Keine-Geburt bedeutet nicht Tod. Es gibt keinen Grund, warum Praktizierende den Tod suchen sollten, denn wenn wir unseren Pfeil an die Bogensehne anlegen und ihn abschießen, um die Geburt zu Fall zu bringen, bringen wir gleichzeitig den Tod zu Fall. Das wird »Todlosigkeit« genannt. Ein Pfeil ist in der Lage, zwei Illusionen zu Fall zu bringen.

1962 wollte ich einen Gedichtband in Saigon veröffentlichen. Er trug den Titel »Praying for the Dove of Peace to Appear« (»Beten, dass die Friedenstaube erscheint«). Die Gedichte drückten alle die Sehnsucht aus, dass der Krieg enden möge und Frieden möglich wird. Diese Art von Poesie wurde als Antikriegsgedichte bezeichnet, aber es waren keine Antikriegsgedichte. Die Zensurbehörde zensierte alle bis auf zwei oder drei Gedichte. Eines der zensierten Gedichte trug den Titel »Ein Pfeil, zwei Illusionen«. Es ging darin darum, dass wir mit einem Pfeil der Einsicht dem Dualismus von Sein und Nichtsein, von Geburt und Tod gleichzeitig ein Ende setzen können. Aber das haben die Politiker nicht verstanden. Sie dachten, das Gedicht handele vom Widerstand gegen Nationalismus und Kommunismus und dem Bewahren von Neutralität. Neutralität war in Vietnam damals mit der Begründung verboten, dass dies eine Kollaboration mit dem Feind bedeute. Die Mitarbeiter der Zensurbehörde im Informationsbüro waren nicht in der Lage, die Bedeutung dieses Gedichts zu verstehen. Sie glaubten, es wäre ein Plädoyer für Neutralität.

Mit der Kraft der Achtsamkeit und Konzentration können wir zwei Vorstellungen gleichzeitig treffen. Wenn der Pfeil das Sein zu Fall bringt, ist auch das Nichtsein zerstört. Dann haben wir die Weisheit der Nichtunterscheidung *(nirvikalpajñāna)*. Wenn die Vorstellungen von Geburt und Tod zu Fall gebracht worden sind, gibt es einen weit offenen Raum mit viel Freiheit und Glück.

In der Begegnung mit einem Unverständigen hast du nicht das Gefühl, erklären zu müssen.

Es wird nicht möglich sein, dies Menschen mit tief sitzenden Vorurteilen zu vermitteln und zu erklären. Wir wollen nicht mit ihnen streiten, denn sie können es unmöglich verstehen. Wer weiß, was Gott ist, braucht kein Theologe, keine Theologin mehr zu sein. Andere streiten sich darüber, ob Gott existiert oder nicht. Wir sitzen nur da, lächeln und atmen, denn wir wissen, dass das Streiten über die Existenz Gottes oder Nirvāṇas Zeitverschwendung ist.

VERS 23

Das ist die höchste Art der Glückseligkeit.
Es gibt nichts Höheres als den Pfad der Stille von Nirvāṇa.
Nun haben wir die Fähigkeit, alles mit einzuschließen,
unser Geist ist wie die Erde,
und die Praxis, alles mit einzuschließen, ist wie eine Zitadelle.

是為第一快
此道寂無上
受辱心如地
行忍如門閾

Das ist die höchste Art der Glückseligkeit.
Es gibt nichts Höheres als den Pfad der Stille
von Nirvāṇa.

Es gibt nichts Höheres als den Weg, der zur Stille von Nirvāṇa führt. Stille bedeutet nicht, dass es keinen Klang gäbe, sondern dass es keine Vorstellungen von Sein und Nichtsein, Geburt und Tod gibt. Der Dichter Bui Giang schrieb in einem Gedicht: »Wir schreiten über Worte, die zweimal gefallen sind.« »Wir schreiten über« bedeutet, dass wir über die Schwelle des Dualismus treten. Dank unseres tiefen Schauens fallen Vorstellungen wie Sein, Nichtsein, Geburt und Tod weg und die Realität wird sichtbar.

Die letztendliche Wirklichkeit lässt sich nicht mit Begriffen wie Sein und Nichtsein, Geburt und Tod beschreiben. Im *Itivuttaka* lehrt der Buddha: »Es gibt das Ungeborene, das Ungewordene, das Ungeschaffene und das Nichtbedingte. Wenn es dieses Ungeborene, Ungewordene, Ungeschaffene, Nichtbedingte nicht gäbe, könnte es kein Entrinnen geben aus dem, was geboren, geworden, geschaffen und bedingt ist.«[34] Wir können das so interpretieren: Es gibt das Nichtgeborensein und das Nichtsterben; das Nichtkommen und das Nichtgehen; das Nichtdies und das Nichtjenes; das Nichtsein und Nicht-Nichtsein. Gäbe es das Nichtgeborensein und das Nichtsterben, das Nichtkommen und das Nichtgehen, das Nichtdies und Nichtjenes, das Nichtsein und das Nicht-Nichtsein nicht, dann gäbe es kein Entrinnen vor Geburt und Tod, Kommen und Gehen, »Dies« und »Jenes«, Sein und Nichtsein.

---

34 *Itivuttaka* 43, im *Ajātasutta* (*Sutta vom Ungeborenen*).

Stille ist die Abwesenheit des Lärms der Konzepte von Sein und Nichtsein, Du und Ich, Außen und Innen, Subjekt und Objekt. Wenn diese lärmenden Ideen nicht mehr da sind, setzt eine edle, kraftvolle Stille ein.

Nun haben wir die Fähigkeit, alles mit einzuschließen, unser Geist ist wie die Erde,

Vermögen wir das große Glück zu schmecken, das entsteht, wenn wir in den von Vorstellungen freien Raum eintreten, dann ist unser Geist wie die große Erde, die fähig ist, alles zu umfassen und einzuschließen.

Der Buddha hat seinen Sohn Rāhula unterwiesen: »Mein Kind, du solltest dich so üben, dass dein Geist wie die Erde ist. Ob die Menschen auf die Erde duftende Öle, wohlschmeckende Nahrung, Kot oder Urin schütten, die Erde nimmt alles ohne Unterscheidung auf.« Die Erde hat die wunderbare Fähigkeit, alles zu empfangen und umzuwandeln. Natürlich nimmt sie die duftenden und wohlschmeckenden Dinge an, aber sie nimmt auch das Faule und Verrottete an, ohne zu leiden oder wertend zu unterscheiden.

und die Praxis, alles mit einzuschließen, ist wie eine Zitadelle.

Wenn wir einmal das Glück von Nirvāṇa geschmeckt haben, ist unser Geist sehr offen, und wir können leicht akzeptieren, was wir vorher niemals akzeptieren konnten. Unser Geist ist wie die Erde geworden. Unsere Praxis, alles mit einzuschließen, die uns zum anderen Ufer führt *(kṣānti pāramitā)*, wird so stabil sein wie die Mauern um eine Zitadelle.

VERS 24

So rein wie sauberes Wasser,
wenn es keine Geburt mehr gibt, gibt es kein Erbe der Knechtschaft.
Sieg und Gewinn sind keine Maßstäbe mehr,
denen zu folgen wäre,
denn Sieg und Gewinn sind immer von Leiden begleitet.

淨 如 水 無 垢
生 盡 無 彼 受
利 勝 不 足 恃
雖 勝 猶 復 苦

So rein wie sauberes Wasser,

Im dreiundzwanzigsten Vers wird die Erde als Bild verwendet und im vierundzwanzigsten das Wasser. Der Buddha lehrte Rāhula auch: »Mein Kind, du solltest üben, dass dein Geist wie Wasser ist. Wenn Menschen duftende Öle oder Milch in das Wasser schütten, freut es sich nicht, und wenn sie Kot, Schlamm oder Urin ins Wasser schütten, ist das Wasser nicht wütend, denn das Wasser hat eine enorme Fähigkeit der Akzeptanz und Transformation. Das Wasser kann alles reinigen.«

wenn es keine Geburt mehr gibt,
gibt es kein Erbe der Knechtschaft.

Das chinesische Wort für »Geburt« (生, *sheng*) in der zweiten Zeile des Verses wird im Sinne des Daseinssubstrats *(upādhi)* verwendet, dessen Funktion darin besteht, den Kreislauf von Geburt und Tod aufrechtzuerhalten. Es ist die Wurzel, die uns an die Welt der Knechtschaft bindet. Upādhi ist die Grundlage des Leidens, das Daseinssubstrat, aus der Knechtschaft und Saṃsāra bestehen. Der Kreislauf von Geburt und Tod ist in der Welt der Knechtschaft ein Kommen und Gehen, ein Aufsteigen und Herabsinken. Warum müssen wir im Kreislauf der Knechtschaft kommen und gehen, aufsteigen und herabsinken? Weil es die Substanz der Geistesplagen und die durch unsere Handlungen festgelegten Ursachen gibt. Wir schaffen die Wurzel von Begierde und Hass. Deshalb müssen wir immer wieder in die Welt der Knechtschaft zurückkehren.

Wenn wir praktizieren, sind wir in der Lage, alle Wurzeln abzuschneiden, und wir brauchen nicht mehr in die Welt der Knechtschaft einzutreten. Die »Geburt« in Zeile zwei bezieht sich auch auf das Sanskrit-Wort *upādiśeṣa*, »mit dem Daseinssubstrat verbleibend«. Dies verweist auf das Ergreifen, die Befleckungen[35] und die latenten Tendenzen[36] der Ansichten und Geistesplagen, die nicht transformiert in den Tiefen unseres Bewusstseins liegen. Daraus besteht das Daseinssubstrat und nicht aus den fünf Skandhas. »Nirvāṇa mit verbleibendem Daseinssubstrat« ist das Nirvāṇa, in dem die Spuren der Geistesplagen noch nicht vollständig transformiert wurden. »Nirvāṇa ohne verbleibendes Daseinssubstrat« (Sanskrit: *anupādiśeṣa-nirvāṇa*) ist das letztendliche Nirvāṇa ohne jegliche Spuren von Geistesplagen. Wir brauchen uns nicht von den fünf Skandhas zu befreien, um Nirvāṇa ohne verbleiben-

35 Sanskrit: *āsrava* (Ansichten, Unwissenheit, Sein und Begehren).

36 Sanskrit: *anuśaya*.

des Daseinssubstrat zu verwirklichen. Das haben der Buddha und die Arhats getan.

Wenn es die Wurzeln der Knechtschaft nicht mehr gibt, empfangen wir nicht länger die karmischen Folgen dieser Knechtschaft, und wir sind befreit. Wir haben die Freiheit von Bodhisattvas, die ihre Zeit genießen, ohne durch irgendwelche Fesseln gebunden zu sein.

Unsere Welt ist ein Ort, an dem das Heilige und das Profane nah beieinander sind. Das bedeutet, dass in ein und derselben Welt heilige und weltlich orientierte Menschen zusammenleben. Auf der einen Seite gibt es die weltlich orientierten Menschen, die in Knechtschaft leben und leiden; auf der anderen Seite gibt es die Heiligen mit der Freiheit, ihre Zeit in der gleichen Welt zu genießen.

Sieg und Gewinn sind keine Maßstäbe mehr,
denen zu folgen wäre,

Weltlich orientierte Menschen meinen, sie würden glücklich sein, wenn sie hohe Profite einstrichen. Profit ist für sie etwas Monetäres und nicht der Gewinn, der aus der Praxis resultiert. »Gewinnen« bedeutet für sie, aufzusteigen und auf denen herumzutrampeln, die unter ihnen sind. Wenn wir praktizieren, richten wir unser Leben nicht nach Maßstäben von Gewinnen und Verlieren aus. Solche Kriterien haben keine Macht mehr über uns.

denn Sieg und Gewinn sind immer
von Leiden begleitet.

Das heißt, selbst wenn wir auf der Gewinnerseite stehen und diejenigen sind, die den Profit erzielen, wir leiden trotzdem. Verlieren ist Leiden, aber auch Gewinnen ist Leiden, denn wenn wir gewinnen, müssen wir weiterkämpfen und konkurrieren, um unsere Position zu halten. Wenn Menschen einen Verlust erleiden, leiden sie natürlich, aber sie leiden auch, wenn sie einen Gewinn erzielen. Gewinnen und Verlieren, Profit und Verlust sind relative Maßstäbe; sie folgen einander in einem Kreislauf und können uns nicht vom Leiden befreien. Der Wunsch nach einem hohen Einkommen und einer angesehenen Position kann Praktizierende nicht an den Kreislauf der Knechtschaft binden, denn sie haben gesehen, dass Menschen, die all das haben, immer noch leiden.

VERS 25

Du solltest nur nach der Art von Sieg und Gewinn
Ausschau halten, die der Praxis des Dharma entspringt.
Nach dem Sieg des Dharma gibt es keine
Grundlage mehr
für den Kreislauf von Geburt und Tod.
Sobald die Grundlage fehlt, gibt es auch kein
Hervorbringen mehr (der Fesseln, die binden).
Wenn du dem Kreislauf von Geburt und Tod ein Ende
setzen willst, solltest du kein unkeusches Leben führen.

當自求去勝
已勝無所生
畢故不造新
厭胎無婬行

Du solltest nur nach der Art von Sieg und Gewinn Ausschau halten, die der Praxis des Dharma entspringt.

Der Sieg, den wir suchen, ist der Sieg des Dharma. Wir müssen einen Geist entwickeln, der den Sieg des Dharma anstrebt, statt nach Sieg und Gewinn in Form von Reichtum, Ruhm und Position Ausschau zu halten. Mit jedem Tag sollte es einen Fortschritt in unserer Praxis geben.

Nach dem Sieg des Dharma gibt es keine Grundlage mehr für den Kreislauf von Geburt und Tod.

Wenn wir in unserer Praxis erfolgreich sind, siegen wir über die Geistesplagen von Anhaftung, Eifersucht und Hass und werden nicht mehr in der Welt der Knechtschaft geboren.

Sobald die Grundlage fehlt, gibt es auch kein Hervorbringen mehr (der Fesseln, die binden).

Das bedeutet, dass es keine Grundlage mehr für die Geburt gibt. Sobald es keine Grundlage mehr für die Geburt gibt, wird auch kein neues Daseinssubstrat für den Kreislauf von Geburt und Tod geschaffen; wir schaffen keine Fesseln der Anhaftung an die Welt mehr. Sobald es kein Daseinssubstrat mehr für die Geburt gibt, empfangen wir auch nicht mehr dessen karmische Folgen. Wir setzen den Kreislauf des Leidens ja deswegen fort, weil wir weiter geboren werden. Den Kommentaren unserer Dharma-Vorfahren zufolge umfasst das Daseinssubstrat für die Geburt die fünf Skandhas, Begehren, die Geistesplagen und Karma. An dieser Stelle sollten wir als Grundlage für die Geburt den Überrest der Geistesplagen verstehen, die noch nicht transformiert worden sind. Das Fortbestehen des Daseinssubstrats für die Geburt bedeutet, sich weiterhin in einem Kreislauf des Leidens zu bewegen. Wenn das verbliebene Daseinssubstrat, das die Grundlage für den Kreislauf von Geburt und Tod ist, nicht mehr ist, dann ist auch das Sein nicht mehr. Wenn das Daseinssubstrat für die Geburt nicht mehr ist und ebenso wenig das Sein, dann ist auch das Nichtsein nicht mehr, und dann gibt es kein Sein und kein Nichtsein mehr. Es bedeutet nicht, dass wir, wenn es kein Sein mehr gibt, ins Nichtsein eingehen.

Es gibt ein von Pham Duy in Kalifornien komponiertes Lied mit dem Titel »Für immer« oder »Leerheit«:

Du bist der Windhauch, ich bin die Wolken.
Dorthin gehen, hierher zurückkommen.
Dann zurückkehren,
an den Ort, an dem es kein Vor und Zurück mehr gibt.

Wenn du dem Kreislauf von Geburt und Tod ein Ende setzen willst, solltest du kein unkeusches Leben führen.

Hier ist die Rede von Menschen, die dessen überdrüssig sind, immer und immer wieder in der Welt der Knechtschaft zu sein. Wenn das bei uns der Fall ist, müssen wir unsere Gewohnheitsenergie, der Lust zu frönen, aufgeben.

Das Sūtra bezieht sich an dieser Stelle auf das heilige Leben von Praktizierenden. Das heilige Leben *(brahmacārya)* ist die Praxis der Keuschheit. Als Praktizierende können wir Heiligkeit schaffen. Sie kann uns nicht von jemand anderem geschenkt werden. Wir werden nicht zu

Heiligen, weil der Papst uns heiligspricht. Wir sind heilig, wenn wir die Heiligkeit selbst hervorbringen. Heiligkeit manifestiert sich dank der Praxis der Richtlinien, der Achtsamkeit, Konzentration und Einsicht. Wo immer diese Qualitäten vorhanden sind, gibt es Heiligkeit. Mit Achtsamkeit, Konzentration und Einsicht fallen wir nicht dem Leiden und der Knechtschaft anheim. Weil wir achtsam sind, praktizieren wir die Richtlinien, die Achtsamkeitsübungen, und wir töten nicht, lügen nicht, begehen kein sexuelles Fehlverhalten oder tun etwas Leid Verursachendes. Wir leben den Achtsamkeitsübungen entsprechend. Als Mönch oder Nonne leben wir gemäß dem *Pratimokṣa*, dem monastischen Regelkanon. Wir führen ein heiliges Leben, weil wir die Richtlinien einhalten und nicht in Richtung unkeuschen Verhaltens gehen.

Mönche oder Nonnen haben sich dem Praktizieren eines heiligen Lebens verschrieben, und die Heiligkeit ist Folge der täglichen Praxis der Richtlinien. Sie wird ihnen nicht von jemand anderem verliehen. »Der Grundlage von Geburt ein Ende setzen« könnte so verstanden werden, dass man nicht wieder in die Welt der Knechtschaft hineingeboren wird, oder es könnte bedeuten, dass die Geistesplagen, die Knechtschaft und das In-die-Irre-Gehen transformiert worden sind und nicht wieder entstehen.

VERS 26

Ist ein Samen einmal verbrannt, kann er
nicht mehr sprießen.
Das Aufhören falschen Denkens ist einem erloschenen
Feuer vergleichbar.
Das Sexualorgan ist ein Meer der Unreinheit.

Warum sollte man an einem solchen Ort nach Vergnügen suchen?

種燋不復生
意盡如火滅
胞胎為穢海
何為樂婬行

Ist ein Samen einmal verbrannt, kann er nicht mehr sprießen.

Wenn es uns gelingt, die Samen des Kummers, der sexuellen Begierde und des Hasses zu verbrennen, werden sie nicht wieder keimen.

Das Aufhören falschen Denkens ist einem erloschenen Feuer vergleichbar.

Durch unsere falsche Art des Wahrnehmens und Denkens entsteht Karma. Diese falsche Wahrnehmung ist wie ein Feuer, das gelöscht werden kann. Das Löschen des Feuers ist ein Bild, mit dem der Buddha oft Nirvāṇa beschreibt.

Menschen fragen oft: »Wenn ich tot bin, wohin gehe ich dann? Was geschieht mit mir, wenn ich sterbe?« Sie glauben, dass sie aus einem physischen Körper und einer Seele bestehen und dass sich der physische Körper beim Tod auflöst und nur die Seele übrig bleibt. Auch wenn die Seele nicht sichtbar ist, kann sie, so die populäre Auffassung von Reinkarnation, in einem Zustand der Instabilität umherwandern, bis sie einen neuen physischen Körper findet, in den sie eintreten kann. Menschen fragen: »Wo kann ich meinen geliebten Verstorbenen finden? Was geschieht nach unserem Tod?« Die Antwort des Buddha auf diese Fragen lautet, dass Körper und Geist voneinander abhängen und sich gleichzeitig manifestieren. Genau wie links und rechts können wir sie nicht voneinander trennen; wenn also das eine nicht mehr da ist, ist auch das andere nicht mehr da. Ohne links kann es rechts nicht geben und umgekehrt. Körper und Geist oder Seele hängen voneinander ab. Die Vorstellung, dass es einen Geist oder eine Seele ohne einen Körper geben kann und nur die Seele überlebt, wenn der Körper nicht mehr da ist, ist eine falsche, wenn auch universell verbreitete Vorstellung.

Während der Manifestation eines Menschen sind aus Körper und Geist Aktivitäten von Körper, Rede und Geist hervorgegangen. Wir können diese Aktivitäten vielleicht nicht mehr sehen, aber das heißt nicht, dass sie nicht mehr da sind. Jeder Gedanke, den wir produzieren, ist Karma, was bedeutet, dass jeder Gedanke Energie erzeugt. Der Gedanke hat keine sichtbare Form, aber er kann schädlich und zerstörerisch oder konstruktiv und heilend sein. Jeder Gedanke, den wir produzieren, hat eine Wirkung auf uns selbst und auf die Umwelt, und seine Energie setzt sich fort. Die Worte, die wir sagen, und die Buchstaben, die wir schreiben, setzen sich sofort in Bewegung, und fünfzehn Pferde könnten sie nicht einholen und zurückholen. Worte des Hasses werden Zerstörung bringen, und Worte der Liebe werden aufbauend sein. Auch wenn wir die Worte nicht mehr hören können, ist ihre karmische Energie noch vorhanden. Die Aktivitäten, die wir mit unserem Körper ausgeführt haben, sind in die Wirklichkeit eingegangen und entwickeln sich dort weiter, obwohl wir sie vielleicht nicht mehr sehen können. Das ist mit Karma gemeint.

Körper und Geist sind voneinander abhängig. Sie kommen nicht aus dem Nichts; sie werden nur manifest, nachdem sie zuvor nichtmanifest waren. In dem Raum, in dem du sitzt, gibt es in der Luft Wasserdampf, der von deiner Atmung stammt, auch wenn du ihn nicht sehen kannst. Wenn die Temperatur im Raum steigt und es draußen kalt ist, kondensiert der Dampf zu Tröpfchen an der Fensterscheibe, und du siehst ihn auch in Form von Dunst. Wenn wir die beschlagene Fensterscheibe nicht sehen, meinen wir, es gebe keinen Wasserdampf; wenn wir sie sehen, denken wir, es gebe Wasserdampf. Tatsächlich können wir nicht sagen, dass es in diesem Raum keine Wolken gibt, denn es gibt Wolken in uns und überall um uns herum. Wir können sie nur nicht sehen. Wenn wir sie sehen, sind sie manifest, und wenn wir sie nicht sehen, haben sie sich nicht manifestiert.

Wir sind mit der Form vertraut, in der wir uns jetzt manifestiert haben, und fragen uns: »Wie werde ich sein, nachdem ich gestorben bin?« Wenn wir in der Form unserer gegenwärtigen Manifestation gefangen sind, werden wir nicht in der Lage sein, zu erkennen, wie eine Manifestation nach unserem Tod entstehen könnte.

Frag dich selbst: Wenn die Flamme erlischt, wohin wird sie gehen? Wenn wir nach der Flamme in Form einer Flamme Ausschau halten, werden wir sie nicht finden. Die Flamme jedoch stirbt nie. Während sie sich manifestiert, erzeugt sie Licht, Rauch und Hitze. Wenn sie sich nicht mehr manifestiert, dauern das Licht, der Rauch und die Hitze an. Es wäre sehr naiv, nach der Fortdauer der Flamme in Form einer Flamme zu suchen.

Wenn sich das Denken nicht mehr manifestiert, ist es wie mit der Flamme, die sich nicht mehr manifestiert. Zu sagen, sie sei genauso wie in der Vergangenheit, ist nicht korrekt. Zu sagen, sie existiere nicht, ist auch nicht richtig.

Die Worte »wie eine erloschene Flamme« finden sich in den buddhistischen Lehren sehr häufig. Der Buddha benutzte diese Worte, um Nirvāṇa zu beschreiben. Halte nicht nach etwas Ausschau, welches dem Bild gleicht, das du bereits davon hast. Wenn die Flamme erloschen ist, wie kannst du dann hoffen, sie zu sehen? Nachdem sie sich manifestiert hat, ist sie jetzt nicht mehr manifest.

Wenn die Geistesplagen der Begierde, des Zorns und der Unwissenheit verbrannt sind, kann Saṃsāra nicht fortbestehen. Wir können die alten Formen nicht mehr finden, weil der Kreislauf der Geistesplagen, des Leidens und der Knechtschaft beendet ist.

***Das Sexualorgan ist ein Meer der Unreinheit.
Warum sollte man an einem solchen Ort nach
Vergnügen suchen?***

Diese Zeilen beziehen sich auf die monastische Praxis des Zölibats *(brahmacārya)*. Für Mönche oder Nonnen bedeutet Keuschheit, sich sexueller Beziehungen zu enthalten. Für Laienschülerinnen und -schüler bedeutet Keuschheit das Praktizieren der Dritten Achtsamkeitsübung – kein sexuelles Fehlverhalten zu begehen.

Als Mönch oder Nonne suchen wir nicht im Sex nach angenehmen Gefühlen. Dieser Vers bezieht sich auf die Brahmacārya-Praxis der Mönche und Nonnen und die Praxis, über Unreinheit zu kontemplieren.

VERS 27

*Obwohl es die oberen heilsamen Bereiche gibt,
sind sie mit Nirvāṇa in nichts zu vergleichen.*

Wenn du alles verstehst, beendest du sämtliche Geistesplagen.
Du haftest nicht länger der Welt an.

雖 上 有 善 處
皆 莫 如 泥 洹
悉 知 一 切 斷
不 復 著 世 間

Obwohl es die oberen heilsamen Bereiche gibt, sind sie mit Nirvāṇa in nichts zu vergleichen. Wenn du alles verstehst, beendest du alle Geistesplagen.

Es gibt heilsame Bereiche wie die formbehafteten und die formlosen Bereiche[37], aber keiner von ihnen bietet die Sicherheit und das Glück von Nirvāṇa.

»Alle Dinge verstehen« heißt auf Sanskrit *sarvajñāna*. Wenn wir in der Lage sind, uns aller Geistesplagen und Vorstellungen von Sein und Nichtsein, Kommen und Gehen, Fortdauern und Aufhören, »uns« und »sie« zu entledigen, haben wir das Verstehen aller Dinge verwirklicht und damit enden alle Geistesplagen und all diese Vorstellungen.

Du haftest nicht länger der Welt an.

Obwohl wir in der Welt der Knechtschaft leben, sind wir nicht an sie gebunden. Wir befinden uns in einer Welt, in der heilige und weltlich orientierte Menschen zusammen-

---

37 Dies sind Zustände der meditativen Konzentration. Siehe Vers 19.

leben. Es gibt Menschen, die frei sind, und andere, die es nicht sind. Diejenigen, die nicht frei sind, nennt man weltlich; die, die frei sind, werden heilig genannt.

VERS 28

Alles loszulassen und zum Ufer von Nirvāṇa zu gelangen
ist der schönste aller Pfade.
Uns zuliebe hat der Buddha die Edlen Wahrheiten gelehrt.
Jemand, der weise und tapfer ist, kann diese Lehre
empfangen und praktizieren.

都 棄 如 滅 度
眾 道 中 斯 勝
佛 以 現 諦 法
智 勇 能 奉 持

Alles loszulassen und zum Ufer von
Nirvāṇa zu gelangen
ist der schönste aller Pfade.

Nirvāṇa ist der schönste Pfad. Wir lassen alles los, um zum anderen Ufer hinüberzugehen, dem Ort, an dem jedes Leid ein Ende hat.

Uns zuliebe hat der Buddha die
Edlen Wahrheiten gelehrt.
Jemand, der weise und tapfer ist, kann
diese Lehre empfangen und praktizieren.

Die Praxis der Vier Edlen Wahrheiten kann uns den Weg zu Nirvāṇa eröffnen. Der Buddha hat uns diese Lehre gegeben, und als weise und mutige Schülerinnen und Schüler sollten wir sie annehmen und in die Praxis umsetzen.

VERS 29

Lebt man das heilige Leben der Keuschheit ohne jeden Makel,
so erkennt man sich selbst, transzendiert Zeit und Raum, verwirklicht Frieden.
Begibt man sich auf den Pfad der Praxis, muss man als Erstes das sexuelle Begehren hinter sich lassen.
Unverzüglich sollte man sich mit der Praxis der Richtlinien schmücken, die der Buddha gelehrt hat.

行淨無瑕穢
自知度世安
道務先遠欲
早服佛教戒

Lebt man das heilige Leben der Keuschheit ohne jeden Makel,

Heiligkeit können wir erkennen. Sie ist da, wo es Achtsamkeit, Konzentration und Einsicht gibt. Wir können entweder sagen »Achtsamkeit, Konzentration und Einsicht«, oder wir können sagen »Richtlinien (die Achtsamkeitsübungen), Konzentration und Einsicht«. Achtsamkeit beinhaltet auch das Einhalten der Richtlinien, die wir mittlerweile die Fünf Achtsamkeitsübungen nennen.

Laien, welche die Fünf Achtsamkeitsübungen praktizieren, haben Heiligkeit. Es gibt ein Sūtra mit dem Titel *Der Heilige Schüler*, in dem es heißt, dass Mönche, die

die Zweihundertfünfzig Gebote für Mönche einhalten, und Laien, welche die Fünf Achtsamkeitsübungen praktizieren, heilige Schüler mit einer inneren Heiligkeit sind. Diese Heiligkeit entsteht durch die Praxis.

so erkennt man sich selbst, transzendiert Zeit und Raum, verwirklicht Frieden.

Es ist nicht leicht, sich selbst zu erkennen. Oft denken wir, wir wüssten, wer wir sind, aber in Wirklichkeit haben wir keine Ahnung. Wir sind wie Botschafter. Wir repräsentieren unsere Familie, unsere Nation, eine Geschichte. Wir haben Vorfahren, ein Herkunftsland, eine Kultur, eine Familie; wir sind keine Individuen, die von alldem getrennt wären. Wir müssen uns selbst in diesem Licht sehen, bevor wir von anderen erwarten, dass sie uns so sehen; dann werden sie sich vor uns verbeugen, um uns als Botschafterin zu grüßen. Sich selbst zu erkennen ist nur mit Achtsamkeit, Konzentration und Einsicht möglich.

Es ist möglich, mit einer Zeit in Berührung zu sein, welche die Zeit übersteigt, und einem Raum, der den Raum übersteigt. Die Meditationshalle von Plum Village in Thailand heißt »Raum außerhalb des Raums«. Der Raum, mit dem wir normalerweise in Berührung sind, und die Zeit, die wir in Form von Jahren und Monaten zählen, sind für uns nicht weiträumig genug. Wir brauchen einen anderen Raum, und das ist ein Raum, der außerhalb des Raums liegt, und eine andere Zeit. Die Zeit, die sich in Stunden, Monaten und Jahren bemisst, ist zu eng für uns. Wir müssen diese Zeit transzendieren, um in der Zeit außerhalb der Zeit zu verweilen.

Begibt man sich auf den Pfad der Praxis, muss man als Erstes das sexuelle Begehren hinter sich lassen.

Wir müssen in unserer Praxis vor allem den unermesslichen Raum und die Zeit von Nirvāṇa erkennen und verwirklichen, was bedeutet, frei zu sein vom Kreislauf der Anhaftung. Solange es Anhaftung gibt, sind wir in Raum und Zeit gefangen.

Unverzüglich sollte man sich mit der Praxis der Richtlinien schmücken, die der Buddha gelehrt hat.

Laien sollten die Fünf oder die Vierzehn Achtsamkeitsübungen praktizieren; Mönche oder Nonnen sollten die Zehn Gelübde für Novizen, die Zweihundertfünfzig Gebote für vollordinierte Mönche, die Dreihundertachtundvierzig Gebote für vollordinierte Nonnen sowie die Vierzehn Achtsamkeitsübungen[38] praktizieren. Ohne diese Praxis kann es keine Achtsamkeit, Konzentration und Einsicht geben. Ohne Achtsamkeit, Konzentration und Einsicht können wir nicht mit Freiheit und Nirvāṇa in Berührung kommen. Die Richtlinien und Achtsamkeitsübungen sind die Grundlage der Freiheit. Manche Leute sagen, dass das Befolgen der Richtlinien bedeute, dass wir unsere Freiheit verlieren, aber das Gegenteil ist der Fall. Wenn wir zum Beispiel Alkohol trinken oder Drogen nehmen, dann verlieren wir unsere Freiheit. Halten wir das Gebot der Alkoholabstinenz ein, stellt sich sofort Freiheit ein. Je-

38 In Plum Village sind sie das Äquivalent zu den Bodhisattva-Gelübden in traditionellen buddhistischen Klöstern.

mand, der dem Alkohol oder den Drogen verfallen ist, hat kein Jota Freiheit. Wenn wir die Richtlinie einhalten, das Leben zu achten, erleben wir eine andere Art von Freiheit. Pratimokṣa bedeutet Freiheit auf jeder Stufe, das heißt, es gibt viele verschiedene Aspekte der Befreiung, und jedes Gebot ist eine Grundlage für Befreiung. Wenn wir wirklich auf dem Pfad der Praxis sein wollen, müssen wir die Begierden hinter uns lassen und uns mit den vom Buddha gelehrten Achtsamkeitsübungen schmücken.

VERS 30

Beende die Geistesplagen, lass die Welt der Knechtschaft hinter dir,
so leicht, wie ein Vogel seine Flügel ausbreitet und in den Himmel fliegt.
Wenn du die Lehren des Dharmapada *verstehst,*
wirst du mit ganzem Herzen auf dem Pfad der Praxis voranschreiten.

滅惡極惡際
易如鳥逝空
若已解法句
至心體道行

Beende die Geistesplagen, lass die Welt der Knechtschaft hinter dir,

»Die Geistesplagen beenden« bedeutet, sie zu transformieren. Hier beziehen sich die Geistesplagen auf das Fehlverhalten, das sich aus dem Nichtbefolgen der Richtlinien ergibt. Es sind Leid verursachende Handlungen von Körper, Rede und Geist. Wenn wir in der Lage sind, Anhaftung, Hass und falsche Wahrnehmungen loszulassen, ist es nicht schwer, die Welt des Fehlverhaltens zu verlassen.

VERS 31

Dies ist der Pfad, der zum Ufer von Keine-Geburt und
Kein-Tod und damit
zum Ende von Leid und Unheil führt.
Auf dem spirituellen Weg gibt es keine Unterscheidung
mehr zwischen Freund und Feind.
Du brauchst nicht zu wissen, wer weltliche Macht besitzt
und wer nicht.

是 度 生 死 岸
苦 盡 而 無 患
道 法 無 親 疎
正 不 問 羸 強

Dies ist der Pfad, der zum Ufer von Keine-Geburt und Kein-Tod und damit zum Ende von Leid und Unheil führt.

Viel unnötiges Leid und Unheil entstehen dadurch, dass wir den Weg des Strebens nach Ruhm, Profit und Macht beschreiten.

Auf dem spirituellen Weg gibt es keine Unterscheidung mehr zwischen Freund und Feind.

Wenn wir den spirituellen Weg praktizieren, unterscheiden wir nicht mehr zwischen Freund und Feind. Du bindest dich nicht an eine Clique oder eine politische Partei. Jeder Mensch ist dein Bruder oder deine Schwester, egal ob arm oder reich, mächtig oder machtlos. Du stellst dich nicht auf die Seite der Reichen, um die Armen zu unterdrücken, noch auf die Seite der Armen, um gegen die Reichen zu kämpfen, denn du hast erkannt, dass beide Seiten auf ihre je eigene Weise leiden. Wenn du den Weg praktizierst, lebst du Gleichheit, du liebst die Menschen, die nicht deine Landsleute sind, genauso wie du deine Landsleute liebst. Du liebst die Menschen, die nicht zu deiner spirituellen Tradition gehören, genauso wie du die liebst, die es tun. Das ist die Praxis des Gleichmuts *(upekṣā)*.

Du brauchst nicht zu wissen, wer weltliche Macht besitzt und wer nicht.

Du brauchst nicht zu wissen, wer Sieger und wer der Besiegte ist. Du stellst dich nicht auf die Seite der Starken oder Schwachen. Du liebst Sieger und Besiegte gleichermaßen. Natürlich liebst du die Mönche und Nonnen des Prajñā-Klosters, aber du liebst auch die Leute, die das Prajñā-Kloster überfallen haben.[39] Du liebst die Schwachen, die beraubt und unterdrückt werden, aber du liebst auch die, die Gewalt anwenden, um zu unterdrücken und zu stehlen. Jeder leidet auf seine eigene Weise, und du willst das Leid aller Leidenden lindern.

---

39 Im Jahr 2009 wurde das Prajñā-Kloster in Vietnam von denjenigen überfallen, die Angst davor hatten, dass es das Kloster gab. Letztendlich mussten alle Mönche und Nonnen das Kloster verlassen.

VERS 32

Am wichtigsten ist es, sich nicht in Wahrnehmungen zu verfangen.
Wenn Gebundensein und Ungebundensein beide rein sind,
haftet ein Mensch mit tiefem Verstehen nicht mehr an diesem dem Zerfall unterworfenen Körper an
und erkennt, dass er keinen festen Grund in der Wirklichkeit hat.

要在無識想
結解為清淨
上智饜腐身
危脆非實真

Am wichtigsten ist es, sich nicht in Wahrnehmungen zu verfangen.

Es sind unsere falschen Auffassungen, wie zum Beispiel unsere Vorstellungen von Geburt und Tod, Sein und Nichtsein, »selbst« und »anderes«, Freund und Feind, die trennend sind und zu Diskriminierung, Hass und Angst führen. Es ist sehr wichtig, sie zu überwinden.

Wenn Gebundensein und Ungebundensein beide rein sind,

Die zweite Zeile bedeutet, dass Gebundenes und Ungebundenes keine Gegensätze sind und es keine Unterscheidung zwischen Gebundensein und Ungebundensein mehr gibt. Das ist die Reinheit von Gebundenheit und Ungebundenheit. Es ist wie mit unserer Hand: Wir können unsere Hand zur Faust schließen oder sie öffnen, aber es ist immer unsere Hand. Wir müssen die Hand sehen. Wir wollen sie nicht zerstören, nur weil sie geballt ist. Die andere Person kann gut oder böse sein, aber sie ist immer noch ein Mensch. Wir müssen ihr helfen, gut zu werden, und sie nicht zerstören. Das ist die Sichtweise des Buddha. Der Mensch ist nicht unser Feind. Die Dinge, die wir transformieren müssen, sind Fanatismus, Rivalität, Diskriminierung, Angst und Anhaftung. Wir transzendieren die Vorstellungen von geballt und geöffnet, weil wir wissen, dass eine geballte Faust oder eine geöffnete Hand immer noch eine Hand ist. Mit dieser Einsicht fühlen wir uns sehr wohl. Wir hassen und leiden nicht mehr.

haftet ein Mensch mit tiefem Verstehen nicht mehr an diesem dem Zerfall unterworfenen Körper an und erkennt, dass er keinen festen Grund in der Wirklichkeit hat.

Menschen, die befreit sind, sind nicht mehr in diesem sterblichen Körper gefangen. Sie sehen ihren Körper nicht als ihr Selbst an. Für Verstorbene rezitieren wir:

Dieser Körper bin nicht ich.
Ich bin nicht in diesem Körper gefangen.
Ich bin Leben ohne Beschränkung.
Ich bin nie geboren worden und nie gestorben.

Wir haben einen Körper, haben Gedanken, sprechen Worte. Die Handlungen von Körper, Rede und Geist, die in jedem Augenblick unseres Lebens stattfinden, sind bereits da, setzen sich fort und haben eine Wirkung. Wir sind nicht nur in diesem Körper. Wir sind auch außerhalb dieses Körpers. Wir sind in unseren Eltern, unseren Kindern und in der Welt. Dieser Körper wird sich auflösen. Es ist eine falsche Sichtweise, uns nur als diesen Körper hier zu verstehen. Unsere Gedanken, Worte und körperlichen Handlungen setzen uns fort. Tiefes Verstehen lässt uns erkennen, dass wir nicht unser Körper sind, dass wir viel umfassender als der Körper sind. Irgendwann in der Zukunft wird dieser Körper zerfallen, aber wir währen fort, und wir sollten es auf eine schöne Weise tun. Wollen wir das, müssen wir uns in unseren Handlungen von Körper, Rede und Geist in Richtung Verstehen und Liebe sowie der Praxis der Achtsamkeitsübungen, Konzentration und Einsicht bewegen.

VERS 33

Dieser Körper bringt viel Leid und sehr wenig Frieden und Freude.
Von allen neun Körperöffnungen ist keine rein.
Der weise Mensch weiß, wie er eine gefährliche Situation in eine friedvolle verwandelt,
er hört auf zu prahlen und entgeht so dem Leid.

苦 多 而 樂 少
九 孔 無 一 淨
慧 以 危 貿 安
棄 猗 脫 眾 難

Dieser Körper bringt viel Leid und sehr wenig Frieden und Freude.

Obwohl im chinesischen Original das Zeichen für »Körper« nicht in der ersten Zeile dieses Verses steht, entnehmen wir der folgenden Zeile, dass der Buddha sich auf den Körper bezieht. Unser Körper ist viel Schmerz und Unannehmlichkeiten ausgesetzt.

Von allen neun Körperöffnungen ist keine rein.

Die neun Körperöffnungen sind die beiden Ohren, die beiden Augen, die beiden Nasenlöcher, der Mund und die beiden unteren Körperöffnungen. Sie verströmen unsaubere und übel riechende Substanzen. Dies ist die Kontemplation über die Unreinheit des Körpers.

Der weise Mensch weiß, wie er eine gefährliche Situation in eine friedvolle verwandelt, er hört auf zu prahlen und entgeht so dem Leid.

Ein einsichtiger Mensch kann Gefahren beseitigen und Frieden schaffen. In der Welt gibt es viel leere, sinnlose Prahlerei. Wenn du damit aufhörst, dich zu rühmen, wirst du viel Leid vermeiden.

VERS 34

Wenn dieser Körper sich auflöst, wird er zu Staub.
Jemand, der weise ist, versteht, ihn loszulassen und nicht daran zu haften.
Schaust du tief und erkennst, dass dieser Körper ein Werkzeug mit vielen Fesseln ist,
wirst du nicht mehr unter Geburt, Alter, Krankheit und Tod leiden.

形腐銷為沫
慧見捨不貪
觀身為苦器
生老病無痛

Wenn dieser Körper sich auflöst, wird er zu Staub.

Unser Körper kann dem Verfall, Verfaulen und der Verwandlung zu Staub nicht entkommen. In der Bibel heißt es, dass dieser Körper aus Staub entstanden ist und zu Staub zurückkehren wird. Es gibt ein Gedicht von Walt Whitman mit den folgenden zwei Zeilen:

Ich vermache mich dem Staub, damit ich aus dem Gras wachse, das ich liebe,
willst du mich zurückhaben, suche nach mir unter deinen Schuhsohlen.[40]

---

40 Walt Whitman, »Song of Myself« aus *Leaves of Grass*, W. W. Norton, New York, NY 1973.

Jemand, der weise ist, versteht, ihn loszulassen und nicht daran zu haften.

Weil weise Menschen dies erkennen, haften sie nicht an ihrem Körper und bedauern nicht, dass er vergehen wird. Wenn wir sehen, wie dieser Körper beschaffen ist, hängen wir nicht länger an ihm.

Schaust du tief und erkennst, dass dieser Körper ein Werkzeug mit vielen Fesseln ist, wirst du nicht mehr unter Geburt, Alter, Krankheit und Tod leiden.

Geburt, Alter, Krankheit und Tod sind nicht länger ein Grund für Angst und Furcht. Wir fürchten uns vor Geburt, Alter, Krankheit und Tod, weil wir noch zu sehr an unserem Körper hängen. Wenn wir erkennen, dass wir nicht nur dieser Körper sind, wird es keine Angst und Furcht mehr geben.

VERS 35

Das Unreine loszulassen und den Weg der Reinheit
zu beschreiten
gibt dir die Möglichkeit, zu großem Frieden zu gelangen.
Stützt du dich auf Verstehen, legst falsche Sichtweisen ab
und greifst sie nicht wieder auf, so enden die
Befleckungen.

棄 垢 行 清 淨
可 以 獲 大 安
依 慧 以 却 邪
不 受 漏 得 盡

Das Unreine loszulassen und den Weg der Reinheit zu beschreiten gibt dir die Möglichkeit, zu großem Frieden zu gelangen.

Wir sind in der Lage, unreine Handlungen zu unterbinden. Das reine Leben ist ein Leben gemäß den Achtsamkeitsübungen. Auf diese Weise können wir einen Zustand großer Sicherheit erreichen.

Stützt du dich auf Verstehen, legst falsche Sichtweisen ab

Das Wort »Verstehen« bezieht sich hier auf diejenigen mit großem Verstehen, wie die Buddhas und Bodhisattvas. Wir sollten nicht mit denen verkehren, denen es an Moral und Verständnis mangelt, sondern Zuflucht nehmen zu den Weisen, die uns helfen können, falsche Ansichten aufzugeben.

und greifst sie nicht wieder auf, so enden die Befleckungen.

Den Befleckungen ein Ende setzen gehört zu den besonderen Kenntnissen oder übernatürlichen Kräften *(abhijñā)*. Alle vergangenen Befleckungen wurden beendet und keine neuen gebildet. Das Wort für Befleckungen, im Sanskrit *āsrava*, bedeutet ursprünglich »entleeren«, »entladen«, »undichte Stelle«. Die Befleckungen halten uns im Kreislauf von Saṃsāra. Es gibt keine Geistesplagen mehr, wenn man das Negative nicht aufnimmt.

VERS 36

Du lebst das heilige Leben, transzendierst Zeit und Raum und wirst sowohl von den Menschen als auch den Göttern verehrt.

行淨致度世
天人莫不禮

Du lebst das heilige Leben, transzendierst Zeit und Raum
und wirst sowohl von den Menschen als auch den Göttern verehrt.

Das heilige Leben ist ein Leben des reinen Verhaltens. Ein solches Leben führt dazu, die gewohnten Konzepte von Zeit und Raum zu transzendieren, und dann sind sie nicht länger ein Gefängnis für uns.

5

SCHLUSSFOLGERUNG: NIRVĀṆA IM TÄGLICHEN LEBEN

Nirvāṇa ist da. Es ist nichts, das der Zukunft angehört. Nirvāṇa bedeutete im allgemeinen Sprachgebrauch zu Zeiten des Buddha Kühle, ein Zustand des Nichtbrennens. Die Geistesplagen der Anhaftung, der Wut und des Hasses verbrennen uns. Wenn ihr Feuer erloschen ist, haben wir das Gefühl von Kühle, Nirvāṇa. Die erste Definition von Nirvāṇa ist das Erlöschen des Feuers der Geistesplagen. Der Brennstoff, der das Feuer unterhält, ist unsere Unwissenheit oder sind unsere falschen Wahrnehmungen und Auffassungen. Wir sehen Geburt und Tod, Innen und Außen, uns und andere. Diese dualistische Sichtweise muss beseitigt werden, um die Flammen zu löschen.

Die zweite Definition von Nirvāṇa ist das Auslöschen falscher Wahrnehmungen und Auffassungen. Vorstellungen von Ich und Du als zwei getrennte Realitäten oder von Körper und Geist als zwei völlig verschiedene Dinge, von Subjekt und Objekt als voneinander getrennte Entitäten, von Geburt und Tod, Sein und Nichtsein als Gegensätze – all diese Denkweisen sind der Brennstoff für das Feuer. Wir müssen das Feuer all dieser Vorstellungen auslöschen.

Die ersten vier Verse sind ein Lobpreis auf Nirvāṇa.

Der erste Vers besagt, dass Nirvāṇa das Höchste und das Beste ist. Der zweite beinhaltet, dass Nirvāṇa Glückseligkeit ist, die größte Freude. Im dritten Vers wird der Ausdruck »das größte Glück« verwendet, um Nirvāṇa zu beschreiben. Der vierte Vers erklärt, dass Nirvāṇa der sicherste Aufenthaltsort ist. Es geht in diesen vier Versen darum zu zeigen, dass Nirvāṇa von höchster Bedeutung ist. Der fünfte Vers beschreibt, dass Nirvāṇa zwar da ist, wir aber einen Weg finden müssen, um mit ihm in Berührung zu kommen. Das ist wahr – Nirvāṇa, Liebe und Glück sind da, aber Menschen, die immer beschäftigt sind, können diese Qualitäten nicht erfahren. Wir müssen einen Weg finden, um zu ihnen vorzudringen, und deshalb brauchen wir die Praxis.

NIRVĀṆA IST HIER UND JETZT

Für mich als Dichter ist der sechste Vers mit den poetischen Metaphern von Wildtieren und Vögeln der schönste im ganzen Sūtra. Er zeigt uns, dass Nirvāṇa für uns jetzt da ist und nichts ist, das wir in der Zukunft und an einem anderen Ort suchen müssten. So wie die Welle bereits Wasser ist und nicht woanders nach Wasser suchen muss, so sind wir Nirvāṇa und brauchen es nicht außerhalb von uns zu suchen. Die Welle leidet und hat Angst, wenn sie anwachsen oder verebben muss, wenn sie beginnt oder endet, weil sie nicht erkennt, dass sie Wasser ist. Wenn sie weiß, dass sie Wasser ist, ist sie glücklich anzuwachsen und glücklich zu verebben, glücklich zu existieren und glücklich, nicht zu existieren, glücklich, hoch zu sein, und glücklich, niedrig zu sein. Nirvāṇa ist bereits da; wir müssen nur mit ihm in Berührung sein. Die Welle ist so beschäftigt, dass sie nicht mit ihrer Essenz, dem Wasser, in Berührung kommen kann, und so muss sie leiden.

Die beiden Definitionen von Nirvāṇa (das Erlöschen der Geistesplagen sowie falschen Wahrnehmungen und Auffassungen) werden in vielen Versen wiederholt. Die Vorstellung, dass wir ein getrenntes, eigenständiges Selbst sind und die andere Person auch, führt zu Vergleichen und Komplexen, besser, schlechter oder genauso gut wie die andere zu sein – und das führt zu Leiden. Unter den Versen mit tiefer Bedeutung gibt es solche, die von der Abwesenheit der Geistesplagen sprechen, sowie solche, die von der Abwesenheit all dieser Vorstellungen sprechen. Wir sollten das Sūtra erneut lesen und herausfinden, welche Verse von der Abwesenheit des Leidens und welche von der Abwesenheit der Vorstellungen sprechen.

In diesem Sūtra gibt es viele praktische Anregungen, wie wir zu Nirvāṇa vordringen, es erkennen und in unserem täglichen Leben immer wieder dorthin zurückkehren können, so wie ein Vogel sich hoch in die Lüfte erhebt, ein Fisch in den Fluss zurückkehrt und das Wild in den Wald. Wir müssen Nirvāṇa in unserem täglichen Leben finden, aber wie können wir es dort finden? Es gibt Verse, die uns den Weg zu Nirvāṇa als einen Weg zeigen, das heilige Leben der Keuschheit zu führen, die Richtlinien zu befolgen und über Unreinheit und die vier Nahrungen zu meditieren.

Wir brauchen den Weihnachtsmann wirklich, denn er ist ein Symbol für Großzügigkeit und Güte in unserem Leben. Wenn Kinder heranwachsen, entdecken sie, dass es so etwas wie einen Weihnachtsmann nicht gibt. Wenn sie klein sind, glauben sie daran, dass sie am Morgen, wenn sie aufwachen, die Geschenke sehen, die der Weihnachtsmann in den Strumpf am Fußende des Bettes gesteckt hat, und er, während sie geschlafen haben, durch den Kamin ins Haus geschlüpft ist. Auch die Eltern genießen die Täuschung, weil sie wissen, dass es die Kinder glücklich macht: »Geht schlafen, liebe Kinder. Wenn ihr nicht schlaft, wird der Weihnachtsmann nicht kommen.« Wenn die Kinder älter werden, wissen sie, dass das, was ihre Eltern ihnen erzählt haben, eine erfundene Geschichte war, und als Eltern erzählen sie ihren Kindern dieselbe Geschichte. Der Weihnachtsmann ist eine seit Langem bestehende Täuschung, die von einer Generation an die nächste weitergegeben wird.

Buddhistische Kinder gehen in den Tempel, um den Buddha zu ehren, und ihre Mutter erzählt ihnen vielleicht, dass der Buddha dort wirklich im Tempel ist. Sie bringen Weihrauch, Kerzen, Bananen, Orangen, um sie dem Buddha zu opfern. Als Kinder gehen wir in den Tempel, um dort den Buddha zu finden, und wenn wir erwachsen sind, sehen wir, dass es im Tempel nur eine Buddha-Statue gibt, und wir entdecken, dass der Buddha in unserem Herzen ist. Praktizierende werden früher oder später entdecken, dass der Buddha nicht im Tempel ist. Die Dharma-Vorfahren haben gesagt, dass Buddha unser Geist ist, was bedeutet, dass der Buddha in unserem Geist ist, und der Buddha auf dem Altar ist eine Art Fiktion, wie die erfundene Geschichte über den Weihnachtsmann.

Wenn Menschen sagen, dass man nach dem Tod in das westliche Paradies eingehe und dort den Buddha treffe oder man in den Himmel komme und zu Füßen Gottes sitze, ist das wie die Fiktion vom Weihnachtsmann. Wenn du richtig praktizierst, weißt du, dass der Buddha in deinem Herzen ist, hier und jetzt. Im Buddhismus gibt es Menschen, die diese Wahrheit praktizieren und verwirklichen. Es gibt christliche und jüdische Mystikerinnen und Mystiker, die entdeckt haben, dass Gott nicht im Himmel, sondern in uns ist und dass das Reich Gottes hier und jetzt gegenwärtig ist.

In Plum Village erinnern wir uns einander immer daran, dass das Reine Land hier und jetzt ist. Amitābha Buddha ist unsere eigene wahre Natur. Die Dharma-Vorfahren haben gesagt, die wahre Natur sei Amitābha und das Reine Land der Geist. Die Vorstellung, dass das Land der großen Glückseligkeit (Sukhāvatī) im Westen liegt und man nach dem Tod dorthin gehen kann, kann als eine Geschichte betrachtet werden, die für Anfänger in der Praxis erdacht worden ist. Wenn wir gut praktizieren, müssen wir nicht sterben, um in das Reine Land zu gelangen; es ist ganz real im Hier und Jetzt da. Nirvāṇa ist kein weit entferntes Land; es ist unsere eigene wahre Natur. Wir müssen Nirvāṇa in das Hier und Jetzt zurückbringen. In den Āgamas finden wir den Ausdruck »Nirvāṇa im Hier und Jetzt« *(dṛṣṭadharma-nirvāṇa)*. Wir wollen nicht wie ein Kind sein, das an den Weihnachtsmann glaubt, sondern einen Schritt weitergehen und verstehen, dass Nirvāṇa jetzt ist. So wie der Himmel für die Vögel da ist, der Wald für das Wild und der Fluss für die Fische, so ist Nirvāṇa für uns da, und wir sollten wissen, wie wir in unserem täglichen Leben zu Nirvāṇa zurückkehren können.

Wenn wir in Achtsamkeit atmen oder gehen, wird die Energie der Achtsamkeit, Konzentration und Einsicht das Tor für uns öffnen zur Welt von Keine-Geburt und Kein-Tod, in der es keine Leiden mehr gibt. Geburt und Tod sind nur unsere Vorstellungen. Gott kann als die Natur von

Keine-Geburt und Kein-Tod verstanden werden, die frisch, kühl ist, frei von den Flammen der Geistesplagen und für uns hier und jetzt gegenwärtig. Als Christinnen und Christen könnten wir beten: »Vater unser, der du bist in uns« statt »Vater unser, der du bist im Himmel«. »Unser Vater« ist eine Vorstellung, so wie die Namen Amitāyus (grenzenloses Leben) und Amitābha (grenzenloses Licht), die dem Buddha gegeben wurden, nur Namen sind; Allah oder Gott sind auch nur Namen. Wichtig ist nicht der Name, sondern die Substanz, die Natur von Keine-Geburt, Kein-Tod, die Kühle und die Freiheit von Leiden.

Die Menschen haben den Glauben an Gott und das Reich Gottes verloren, weil sie Gott an die falsche Stelle gesetzt haben. Wenn sie Gott an den richtigen Platz stellen – ihr eigenes Herz –, wird die spirituelle Krise ein Ende haben. Dies ist eine spirituelle und eine kulturelle Angelegenheit. In den jüdischen, christlichen und islamischen Traditionen gibt es Menschen, die entdeckt haben, dass Gott nicht der Zukunft oder einem anderen Ort angehört.

Wenn wir von den Flammen der Geistesplagen verbrannt oder durch unsere falschen Wahrnehmungen und unterscheidenden Gedanken beunruhigt und verängstigt werden, ist uns die letztendliche Dimension nicht verfügbar, es gibt kein Nirvāṇa. Der Weg zu Nirvāṇa besteht darin, diese Geistesplagen und Unterscheidungen aufzugeben. Wir müssen einen Schritt vorwärtsgehen und dürfen uns nicht an Fiktionen wie die vom Weihnachtsmann festhalten. Gott lässt sich nicht mit Begriffen wie Sein und Nichtsein, Innen und Außen, »wir« und »andere« beschreiben. Durch keine Idee oder Vorstellung lässt sich Gott beschreiben, genauso wenig Nirvāṇa, denn auch Nirvāṇa ist das Auslöschen aller Vorstellungen. Es ist sehr seltsam, zu sagen »Gott ist« oder »Gott ist nicht«. Gott und Nirvāṇa transzendieren alle Begriffe von Sein und Nichtsein.

In der heutigen Zeit, besonders in Europa und Nordamerika, gibt es das Phänomen der doppelten Zugehörigkeit. Man folgt zwei spirituellen Wegen, zum Beispiel sowohl dem Christentum als auch dem Buddhismus, ohne darin einen Konflikt oder eine Einschränkung zu sehen. Es gibt sogar Priester, die auf diese Weise leben und praktizieren, darunter Bruder Phap De[41] und Paul F. Knitter, Autor des Buches *Ohne Buddha wäre ich kein Christ*[42]. Für sie wirft jede Tradition ihr Licht auf die andere und erhellt sie. Wir können stolz auf unsere doppelte Zugehörigkeit sein. Bitte nutze die Gelegenheit, dich damit eingehend zu befassen. Es ist eine Frage der Kultur. Wenn du den Weg der doppelten Zugehörigkeit beschreitest, wirst du Diskriminierung und Spaltung beenden und Einheit und Frieden in die Welt bringen.

---

41 1935–2016, Phap De war ein katholischer Priester, der Mönch in der Plum-Village-Tradition wurde.

42 Paul F. Knitter, *Ohne Buddha wäre ich kein Christ*, Freiburg im Breisgau 2012.

Mönche, Nonnen und Besucher*innen praktizieren die Kunst des achtsamen Lebens in der Tradition von Thich Nhat Hanh in unseren Achtsamkeitszentren auf der ganzen Welt. Kontaktieren Sie bitte:

PLUM VILLAGE
33580 Dieulivol, Frankreich
plumvillage.org

LA MAISON DE L'INSPIR
77510 Villeneuve-sur-Bellot, Frankreich
maisondelinspir.org

HEALING SPRING MONASTERY
77510 Verdelot, Frankreich
healingspringmonastery.org

MAGNOLIA GROVE MONASTERY
Batesville, MS 38606, USA
magnoliagrovemonastery.org

BLUE CLIFF MONASTERY
Pine Bush, NY 12566, USA
bluecliffmonastery.org

DEER PARK MONASTERY
Escondido, CA 92026, USA
deerparkmonastery.org